岩波茂雄

リベラル・ナショナリストの肖像

岩波茂雄

リベラル・ナショナリストの肖像

中島岳志
Takeshi Nakajima

岩波書店

はじめに

岩波茂雄は、私の目前に意外なところから登場した。それは『頭山満翁正伝』を開いた時だった。葦書房から一九八一年に刊行されたこの本は、戦時中に刊行される予定だった。しかし、戦況の悪化によって出版は困難となり、戦後は長らくの間、原稿が行方不明となっていた。

戦中の『頭山満翁正伝』刊行は、玄洋社が頭山の米寿を記念して企画したもので、頭山満翁正伝編纂委員会が結成されたほどの力の入れようだった。玄洋社は日本右翼の源流であり、頭山はその象徴的存在である。

私が驚いたのは、この『頭山満翁正伝』の版元が、当初、岩波書店だったことである。岩波書店といえば、リベラル左派の出版社というイメージが世間一般に浸透している。右派勢力からは時に目の敵にされ、批判される。そんな岩波書店が、何故に頭山満の伝記を出版しようとしていたのか。

創業者・岩波茂雄に関心をもった私は、社史『岩波書店八十年』を開いてみた。すると、戦前の出版ラインナップには、筧克彦『神ながらの道』や『吉田松陰全集』などが含まれていた。店主室には「五箇条の御誓文」が大きく張り出されていたという。戦中には陸海軍に戦闘機を献納している。

岩波茂雄とはいったい何者なのか？

これまではどうも戦後の社会状況や岩波書店のあり方から、演繹的に岩波茂雄像が構築されて来たように思う。しかし、岩波の一連のナショナリスティックな言動は、時流に阿《おもね》ったと解釈するにしては、確信的すぎる。エピソードの断片からも、愛国者としての強い信念を持った人物であったことは、容易に想像できる。

一方で岩波書店が創業時からリベラルな出版社であったことも疑えない。マルクスの翻訳を出版し、『日本資本主義発達史講座』によって講座派マルキストの潮流を構成したことはよく知られる。権力の側からは、常に言論統制の対象とされ、繰り返し発禁処分を受けた。

では、岩波の行動原理となった一貫した論理とは何だったのか？

彼は言う。

「吉田松陰全集」を出す心持ちとマルクスの資本論を出すこととに於て出版者としての小生の態度に於ては一貫せる操守のもとに出ずる事に御座候［岩波 1998: 154］

岩波はナショナリストであることとリベラリストであることに、常に意識的だった。彼にとって両者は一体の存在であり、相互補完的な関係にあった。

このような論理は、いかなる過程で形成され、岩波書店の出版活動に反映されたのか。そのプロセスを追うことは、一出版社の事績を振り返る作業に止まらず、近代日本の精神史の重要な一断面を論じることになる。

ただし、岩波は思想家ではない。学者でもない。彼が執筆した原稿は断片的なものが多く、まとまった書籍を執筆したことは一度もない。

また、岩波書店の出版物が、岩波の思想をそのまま反映したものであるわけでもない。岩波は公言しているように、岩波書店から出版した書籍のおおよそを読んでいない。彼は独自の選球眼で著者を探しだし、本の執筆を依頼した。岩波の思想を岩波書店の出版物に還元することはできない。

しかし、そこには岩波の一貫した論理と気質が存在する。そして、その中にこそ、岩波書店が近代日本において果たした思想的役割の核心部分がある。

本書では、岩波書店に残された膨大な文書を紐解き、岩波茂雄のエッセンスを抽出することを試みる。まずは岩波書店に付着した特定のイメージを剝ぎとり、岩波自身の裸の文章と向き合うことから作業を始める。出版史上のエポックメイキングな事象を追うことよりも、岩波の論理と人間像を描くことを中心に据える。

岩波は多くの人から愛された。その裏表のない率直な人間性は、多くの人を魅了した。そのため、岩波の死亡時に寄せられた有名無名の人々の回想も、数多く存在する。彼の気質と一体化した論理を探るための史料は、思いのほか豊富に存在する。

それでは、岩波茂雄という愛すべき出版人の生涯を追いたいと思う。彼を通じて、近代日本におけるリベラル・ナショナリズムの苦難を追求したい。

目次

カバー及び本文中の写真はすべて岩波書店編集部編『写真でみる岩波書店80年』(小社刊、一九九三年)からのものである。

第一章

煩悶と愛国（一八八一―一九一三）

第一高等学校東寮15番一同．中列左から2人目が岩波茂雄

誕生

長野県諏訪盆地。

その中心には豊かな水を湛える諏訪湖がある。周りを豊かな山が囲み、八方から川が流れ込む。湖畔にはホテルが建ち並び、観光客が散歩する。間欠泉が噴き出る横を、スワンボートが通り過ぎる。

しかし、冬の寒さは厳しい。湖は氷に覆われ、冷たい風が吹き抜ける。湖面に現れる氷のせり上がりは「御神渡《おみわた》り」と言われ、神の足跡とされる。「御神渡り」が観測されると神事が執り行われ、春からの農作物の豊作・不作や世相の吉凶などが占われる。

のどかな風景の中に、張り詰めた神々しさが漂う諏訪。一八八一年八月二七日、岩波茂雄はこの諏訪湖畔の村で生まれた。

彼の父・義質《よしもと》は体が弱く、家業の農業は小作人に任せ、役場に勤めていた。役場では、書記から助役まで出世し、家計も苦しくはなかった。岩波自身ものちに「まあ田舎では中以上の家でした」と回想している[岩波 1998: 41]。

母・うたは闊達な女性で、しつけも厳しかった。岩波の性格や気性は、母から受け継いだとも言われる。岩波は、母のことを次のように綴っている。

母は学問はありませんでしたが、大へん活動的な人でした。男勝りの気性で、村のいざこざ等一人で世話をやいたり、愛国婦人会の支部創設に骨折ったり、よく村のために尽しました。また、正しいことは何処までも押し通して行く誠実な人間でした。(中略)母はまた親切で、情深く涙もろい一面を持っていました。貧しい人達の面倒をよくみてやり、小作の人達にも大へんやさしくしていました。[岩波 1998: 43–44]

岩波が東京で学生生活を送る頃、母が上京してきた。そのとき上野公園に連れて行くと、母は西郷隆盛像の前で丁寧に頭を下げ、「西郷さんには時々御参りに来なさいよ」と言った。岩波は「母は正義を愛しました」と振り返っている[岩波 1998: 43]。

岩波は長男で、妹が二人いた。のちに岩波が実家を離れたため、下の妹の世志野が婿養子を迎えたが、世志野は早世し、婿も岩波家を去った。

岩波は活発な子供だった。勉強もよくできたが、いたずらもよくやった。また、情に厚かったのか、一人でものをこっそり食べるようなことはなく、常に友達に分け与えた[小林 1963: 398]。

家では、しばしば農作業を手伝った。時に糞尿桶を担ぎ、また野菜を担いで町に売りに行ったこともあった。冬の日曜日には、山に焚きつけにする萩を取りに行き、その束が庭に山のように高くなるのを喜んだ[岩波 1938a]。

岩波の母・うた

岩波の父・義質

岩波の出身地，信州(長野県)諏訪の全景．左上は諏訪湖，中央上は霧ヶ峰高原，右上は八ヶ岳，杖突峠より撮影

岩波の生家，長野県諏訪郡中洲村中金子

私が労働を高貴なるものと考へ、労働者の姿に神聖なるものを感ずるのも、また人並に頑張る力を持つて居るのも、幼時百姓の手伝ひなどしたおかげではないかと思つてゐます。[岩波 1938a]

彼には、のちに晴耕雨読の生活に心惹かれる時期があったが、背景には子供のころの農業体験があった。

西郷隆盛と吉田松陰

岩波は尋常小学校を卒業後、そのまま地元の高等小学校に入学した。ここで恩師の金井富三郎と出会う。

金井は岩波を「勤勉なりし人」「研究心の強かりし人」「熱血溢るゝ如き人」と評し、印象深い生徒として回顧している。数学の問題がどうしても解けないときなどは、放課後になっても席を立たず、「まだわからんと涙ぐんでゐること」もあった。金井の眼には「熱心なる点は氏が級中第一」と映っていた[金井 1947]。

岩波にとって重要だったのは、金井の課外講話だった。金井は「英雄豪傑の伝記や世界の状勢等につきての話を」したが、岩波はその話に夢中になった[金井 1947]。

岩波は振り返る。

小学校時代の先生で多少いま記憶に残つて居る人が一人ある。金井富三郎といふのだが、これはなかなく読書子だつたのだね、稲垣満次郎の「東方策」などといふものを読んで居つてそれを僕等に読んで聴かせた。結局それはイギリスとロシヤが日本の近海でもつて覇を争ふ、その間に日本はちやんとしなければならんといふやうな意味のものだつたが、それを非常に感激をもつて説いたからそれを今でも憶えて居る。[岩波 1942a: 8–9]

金井は、西郷隆盛についても熱心に語った。話が途中で終わると、岩波は「後を話せ後を話せと要求」した[金井 1947]。岩波は金井の講話を通じて、憂国の情を高揚させた。母は地元の愛国婦人会の支部創設に尽力した人物であり、岩波の愛国心はごく自然な形で育まれたといえよう。金井の講話を聴いたのは、日清戦争直前から戦中にかけてのことである。彼は西郷の伝記を繰り返し読み、中学に進学すると机のそばに西郷の肖像(石版画)を掲げた[岩波 1998: 64]。

岩波にとって西郷は革命的愛国者だった。西郷は江戸幕府を倒し、廃藩置県によって封建制を打破した。そして、議会制の導入を模索し、「一君万民」に基づく維新の貫徹を目指した。

しかし、明治政府は薩長を中心とする藩閥政治を展開した。西郷は、一部の特権化した人間の独占的支配に反発し、西南戦争を引き起こした。西郷は、自らが作り上げた政府を、自らの手で攻撃せざるを得ないアイロニーを生きた。岩波は、その人間的誠実さと「維新」の徹底という理念に心を動かされ、西郷を敬愛した。この思いは、吉田松陰への傾倒につながる。

徳富蘇峰『吉田松陰』

中学時代には、徳富蘇峰が書いた『吉田松陰』を読んで感銘を受けた。彼は「昂奮し第二の松陰を以て自ら任じて飛び上がつた」[岩波 1933a]。

『吉田松陰』は、一八九三年一二月に民友社から出版され、のちの時代まで広く読み継がれた。蘇峰はこのとき三〇歳。松陰を清新な筆致で追うことで、同時代に対する痛烈な批評を試みた。

蘇峰は自由民権運動を担った若手活動家たちよりも、一回り下の世代だった。そのため、「遅れてきた世代」として、自由民権運動には冷淡だった[米原 2003: 35]。彼は一八八六年、二三歳の時に旧世代からの世代交代を訴えた『将来之日本』で衝撃的なデビューを果たす。以後、雑誌『国民之友』を創刊し、「平民主義」を訴えて新世代の青年たちを鼓舞した。

蘇峰の「平民主義」が、ナショナリズムの色彩を濃厚にし始めるのは、一八九〇年代前半である。彼は条約改正問題について積極的に発言し、次第に対外強硬論を展開するようになった。その藩閥政治批判は「国民主権の要求」となり、条約改正論は「国家主権の確立」の主張となった。内政・外交に関する議論が、ともにナショナリズムに収斂していった。そして、この論理展開が「吉田松陰の発見」につながる。

蘇峰の『吉田松陰』には①講演筆記版、②『国民之友』連載版、③初版、④改訂版の四つのヴァリエーションがある。講演筆記版が公表されたのは一八九二年三月で、その原稿をもとにした連載は同年五月から九月までだった。これに筆を加えたのが初版で、一八九三年一二月に出版された。改訂版は一九〇八年出版なので、岩波が読んだのは初版である。

初版の特徴は、松陰を描くことで「維新の精神」を見つめ直し、返す刀で明治の元勲たちを批判する点である。松陰は革命的ナショナリストとして位置付けられ、その若き「真誠」「真摯」が強調された。蘇峰は「第二の維新」の重要性を強調し、自らの革命家モデルを松陰に仮託した。

岩波は一九三四年に岩波書店から『吉田松陰全集』を刊行したが、その際、次のように述べている。

蘇峰著『吉田松陰』を愛読して、其末尾に、維新の事業半ば廃れて更に第二の維新を要するの時となりぬ、これを背負ひて立つものは誰ぞ、といふ意味の一句に至つて血湧き肉躍るを覚えた。［岩波 1934a］

岩波は、松陰を通じて「第二の維新」への意欲を掻き立てられた。これは西南戦争を起こした西郷への敬愛と通じている。

岩波が惹かれた松陰は、蘇峰が提示した革新ナショナリストとしての姿だった。明治維新によって新しい時代が幕開けしたものの、時がたつにつれて藩閥政治が固定化され、維新の精神は荒廃した。もう一度、原点に返り、現状を打破するには、維新の大業を想起し、「第二の維新」を遂行しなければならない。そう考えたとき、西郷隆盛と吉田松陰の生涯が、岩波の憧憬の対象として迫ってきた。

岩波は、二人の人物像にも強く感化された。友人の宮坂春章には、盛んに「南洲の如き胆、松陰の如き気概がなくてはならぬ」と説いた［宮坂 1947］。岩波は、のちに『人物評論』編集部からの「二十才前後に私淑された人物」という質問に「西郷南洲」「吉田松陰」と答え、次のように述べている。

> 姉弟に殉じ城山の露と消えし堂々たる男児漢南洲先生の心境と真実、至誠の権化とも云ふべき松陰先生の高風は私の少年時代の目標であった。［岩波 1933a］

松陰に対する敬意は生涯にわたって継続し、一九三九年一一月の『横浜青年』でも「尊敬する人物」を問われ、「吉田松陰」と答えている。時代が逼迫すればするほど、西郷と松陰への思いは募った。

岩波のナショナリズムは、金井の感化が引き金となり、西郷隆盛・吉田松陰への傾倒によって定着した。ここで芽生えた愛国心は、のちに彼のリベラリズムやデモクラシー論と結合するが、この

諏訪実科中学校全校生徒．前列右から４人目が岩波．1898年

ときはまだ自覚的ではない。しかし、封建制の打破に力を注いだ志士への敬意は、リベラル・ナショナリストとしての足跡の第一歩となった。

高等小学校時代には、自ら校友会を創設して会長になり、研究会や討論会を開くなど活躍した。学校でも上位の成績を保持した。向学心も強かった。そのため、彼は卒業が間近になると、中学校への進学を望んだ。

しかし、長男だった岩波は、両親から家業を継ぐことを望まれていた。彼は自らの意志を貫き、親を説得して諏訪実科中学校へ進学した。

後年、岩波は次のように振り返っている。

田舎だし、家業もしなければならぬし、学校へ行くといふことは変則であつた。その当時は普通小学校を終れば百姓をやる人はそれで学校は下つて終ふ訳だ、中学校に行くといふのは余程特別なものだつた。それを僕は行きたいといふ訳で結局や

つて貰つた訳だ。［岩波 1942a: 5–6］

岩波は何とか無事、中学校に入学したが、その後、試練が訪れる。

父の死

一八九六年一月五日。

父が急死した。岩波は当時一四歳。中学一年生だった。

外出先から家に戻ると、父が炬燵で横になっていた。その様子は「何か苦しんでゐるやう」だった。父は「話すことがある」と言った。しかし、岩波は医者を呼ぶことが先だと考えて、家を飛び出した［小林 1963: 400］。

上諏訪の町の医者のもとに行ったが、都合が悪く、断られた。仕方がなく帰路につくと、下駄の鼻緒が切れた。不吉な予感がした。家に戻ると、父はすでに息をしていなかった。

岩波は、父の最後の話を聞かなかったことを悔やんだ。

話すことのあると云つたのは、後から考へて見て、自分でも病気の最後と知つて、僕に言ひ置きでもしておくつもりではなかつたかと思はれる。何を云つておきたかつたのか、私は永久に知ることは出来ない。［小林 1963: 400］

岩波は悲嘆にくれた。親孝行もしないまま父がこの世を去ったことに、深く落ち込んだ。その「歎き」は「深刻なものだつた」。その苦しみからなかなか立ち直ることができず、「半年ぐらゐはぼんやりして居つた」[岩波 1942a: 2]。

約二年後の一六歳の時に書いた文章では、当時の状態を次のように記している。

我レ魂奪ハレ気散シ茫然トシテ為ス所ヲ知ラズ　夢カ夢ニ非ズ　幻カ幻ニアラズ　魂神迷乱数閲月鬱憂無常ノ念ハ胸間ニ充塞シテ解セザリキ[岩波 1998: 31]

彼はこのころ、盛んに博文館の雑誌に文章を投稿した。内容は父の死の悲しみについてだった。このときの苦悩と内省は、人生論的煩悶の序曲となった。

そんなときに接したのが『孝経』の「身を立て、道を行い、名を後世に揚げ、以て父母を顕わすは孝の終りなり」という句だった。彼は「何時まで歎いてゐても仕方がないといふ諦めがついて、それよりも一生懸命やらうといふやうな気になつた」。ようやく「暗闇から明るみへ出たやうな感じ」になり、前向きに生きる意欲を取り戻した[岩波 1942a: 3]。

しかし、問題は続いた。

岩波は長男だったため、父の跡継ぎを期待された。父は体が弱かったため、農業からは離れていたが、本来の岩波家は農家である。父が亡くなったことで、役場からの収入はなくなった。小作人への賃金を支払うと、一家の家計は苦しくなる。当然、岩波は親類から農業を継ぐことを求められた。

そのため、彼は中学を退学せざるを得なくなった。彼は何とか勉強を続けたかったが、一家の事情により諦めなければならなかった。

岩波は、農作業にいそしんだ。しかし、勉強への意欲は衰えず、仕事を終えると隣町の塾に通った。

それでも、やはり進学を諦めることができなかった。彼は母に懇願し、半年後には中学校への復学を果たした。

伊勢神宮から鹿児島へ

復学後の一八九七年一二月。岩波は旅に出ることになった。

当時、村には「伊勢講」があった。一年に一度、講の代表者が伊勢神宮に参拝し、札を持ち帰ってメンバーに配ることが習慣だったが、この年は誰も行き手がなかった。そこで、岩波が立候補した。

当時はまだ一六歳。講のメンバーは、本気にしなかった。しかし、彼は家に帰り、母を説得し、許可を得た。

例年の伊勢詣りは数名だったが、この年は岩波以外の希望者がなかったため、彼が一人で行くことになった。人生初めての一人旅が実現することになった。

一二月三〇日、岩波は諏訪から歩いて甲府に出て、鰍沢から富士川を舟で下り、日蓮宗総本山の身延山久遠寺を参拝した。そして、名古屋を経由し、山田で一泊した後、一月二日に目的の伊勢神宮を参拝した。

彼は、ここで旅をやめず、京都に向かった。京都行きの目的は、妙心寺大法院にある佐久間象山の墓参りだった。象山は松陰の師であり、徳富蘇峰『吉田松陰』でも詳しい記述があったため、岩波にとっては憧憬の対象だった。

後年、岩波は次のように回想している。

> 京都ではいの一番に佐久間象山の墓詣りをして居るのだ。当時やつぱり象山のことなど読んで居つたのだね。中学時分に周防《（ママ）》の吉田松陰、佐久間象山といふやうな維新の志士に動かされる気持は非常に多かつた。中学時分でも南洲の石版画などがあつて、自分の机の側に貼つて置いたといふやうなことを憶えて居るが、そこで象山の写真を買つて来た。［岩波 1942a: 23］

彼はこの後、運命的な出会いを果たすことになる。

観光で東寺に向かっているとき、一人の男に道を尋ねた。その男は和服の上に洋服の外套を羽織り、下駄ばきで歩いていた。「東寺へ行くのだがどう行くのか」と尋ねると、「僕も行くから一緒に行かう」と言われた。その男が、先輩友人として親しく付き合うことになる木山熊次郎だった［岩波 1942a: 23–24］。

木山は一九〇七年に『内外教育評論』を創刊した人物で、『希望の青年』『国勢と教育』『社会主義運動史』などの著作で知られる。当時はまだ第一高等学校の学生で、京都は旅行で訪問していた。

二人は互いに「僕は諏訪中学」「僕は一高だ」と自己紹介した。このとき岩波は「一高」が何の略語なのかわからなかったが、それが「第一高等学校」を意味するとわかると、「それなら自分の憧れて居る学校だ」と言い、木山も岩波に興味を示した［岩波 1942a: 24］。

二人は東寺から東山の阿弥陀ヶ峰に行き、豊国廟(豊臣秀吉の墓)を参った。そこの石段の上から京都の街を眺めつつ、二人は語り合った。木山とは上京後に再会し、親しい相談相手となる。

その後、岩波は西に向けて歩みを進めた。彼は神戸から船に乗り、一路、鹿児島を目指した。その目的は、憧れの西郷隆盛の墓参りだった。船の中では、初めて西洋人を見た。彼は果敢に声をかけるなどして、船旅を楽しんだ。諏訪で生まれ育った彼にとって、海を見るのは、この旅が初めてだった。

鹿児島に到着すると、西郷隆盛関係の旧跡を訪ね歩いた。そして、琉球へ渡ろうと思いつき、波止場まで行った。しかし、船は出たばかりだったため断念し、九州を旅することにした。熊本・長崎と巡ったあたりで持ち金が尽きてきた。彼は武雄に寄り、旅の途中で出会った人の家を訪ね、金を借りようとしたが、家は見つからなかった。そのため、諏訪中学から広島の師範学校に転任した先生を訪ね、金を借り、東京を経由して諏訪に戻った。約二〇日間の旅だった。

旅行前に家族や村の人たちには、伊勢以降の旅の計画を話していなかった。そのため、岩波の旅話を聞いて、家族は「びつくりして居つた」[岩波 1942a: 31]。

自由への渇望、杉浦重剛への敬愛

旅から戻った岩波は、中学校での勉強生活を再開した。しかし、次第に学校に対する不満と物足りなさを感じるようになっていった。

高等小学校の時の金井のような敬愛する恩師に出会うことができず、苛立ちがつのった。中学四年生になると、「学校の教育といふものに非常な圧迫を感じ」るようになった。諏訪実科中学は、校則が厳しかった。お辞儀の角度まで定められており、「規則の中に閉込められて」いる状態だった[岩波 1942a: 11]。

満たされなさと息苦しさに悩み始めた彼は、「どうにもゐたゝまらなくな」り、転校を考えるようになった[岩波 1942a: 11]。

ちょうどそのような時、彼は杉浦重剛《じゅうごう》が校長を務める日本中学の噂を聞いた。日本中学は「放任主義」で、「自由暢達の空気」だと知り、強い憧れを抱いた[岩波 1942a: 11–12]。西郷隆盛や吉田松陰を尊敬していた岩波にとって、旧態依然とした権威主義は打破の対象だった。彼は自由と自立を希求し、東京の日本中学への編入を考えるようになった。

当時の諏訪実科中学では、同級生の退学が相次いだ。下級生は閉塞的な学校のあり方に反発し、ストライキが起きた。反抗した生徒たちは、退学処分を受けることになり、学校を去って行った。岩波の中学に対する失望と反感は、加速するばかりだった。

岩波は、心底から自由に憧れた。規則にがんじがらめにされ、上意下達が絶対視される社会はうんざりだった。蘇峰の『吉田松陰』に影響を受けていた彼にとって、校長をはじめとする教員たちは維新の精神を失った元勲たちと同様の存在だった。松陰の志に回帰することによって新たな時代を切り開くべきと考えていた彼は、諏訪を飛び出して上京し、リベラルな校風の日本中学への入学を希望するようになった。

そのような岩波には、杉浦重剛の存在は輝いて見えた。杉浦は一八五五年に近江膳所《ぜぜ》藩の儒者の家庭に生まれた明治第二世代である。この世代の特徴は、幼少期に漢学の教育を受け、青年期には明治政府の欧化政策の中、新設の帝国大学などで西洋的な学問の知識を身につけたところにある。杉浦も幕末期に藩校で漢学・儒教的教養を学び、明治維新後(一八七三年)に大学南校(東京帝国大学の前身)の英語普通科に通った。

杉浦は第二回文部留学生の化学部門に選ばれ、一八七六年にイギリスに留学する。彼はここで西洋の先進性に触れると同時に、ナショナリストとしての自覚を強めることになった。帰国後は理学者として活躍する一方で、教育への情熱を強め、一八八五年には東京英語学校を創設して、若き人材の育成に力を尽くした。この東京英語学校が一八九二年に改称し、日本中学校となる。

杉浦は、言論人としても活躍し、一八八八年には三宅雪嶺、志賀重昂らとともに政教社を結成した。政教社は雑誌『日本人』を創刊し、急速な欧化主義への批判を繰り返した。これは維新の志を失った明治の元勲に対する新世代の反発であり、自由民権運動の延長上に芽生えた新しいナショナリズム運動だった。

岩波は、杉浦のリベラルでかつ愛国的な姿勢に共鳴した。また、杉浦が義を重んじ、至誠に生きることを教育方針としていた点にも心ひかれた。彼は日本中学への思いを募らせ、自らの境遇と考えを認《したた》めた手紙を杉浦に送ることにした。

請願書

一八九八年、岩波は「請願書」を書き、杉浦に送った。そこで岩波は父を亡くしたことに触れたうえで、次のような抱負を述べた。

> 志望トハ何ゾヤ　曰ク力ノ及ブ限リ学識ヲ磨励シ人物ヲ養成シ社会ニ出ヅル暁ニハ至誠一貫以テ現今腐敗セル社会ヲ改革シ国家ノ為ニ身骨ヲ捧ゲ大事業ヲナシ一ハ皇恩ニ答ヘ一ハ亡父ノ霊魂ヲ慰メ聊カ孝道ノ終リヲ為サントスルニアリ［岩波 1998: 31］

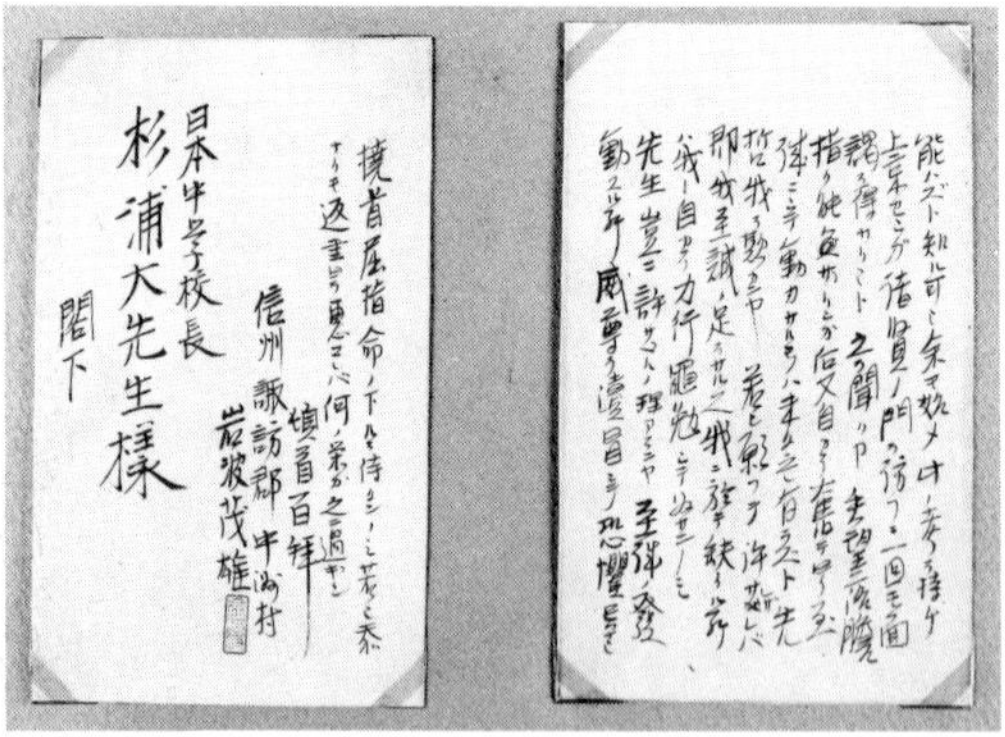

日本中学校長杉浦重剛への請願書(末尾部分)．1898 年

岩波は、「至誠」によって腐敗する社会を改革することが自らの「志望」であると訴えた。そして、国家のために身をささげ、「大事業」を成し遂げることこそ、「皇恩」に報い、亡父への慰霊と親孝行になると主張した。

そのような岩波の眼には、近年のエリートたちが問題ある存在として映った。

> 現今ノ才子ナルモノヲ見ルニ博学ハ博学ナリト雖モ国家的観念ナシ　畢竟才ハ国家ノ害物タル也　蒙昧ノ人民其目一丁字ヲ解セザルモ其心ハ光風霽月ノ如シ［岩波 1998: 31］

岩波は続けて伊藤博文を批判する。この「請願書」を書いたころは、伊藤が三度目の首相を辞任したばかりだった。その伊藤に対して、彼は「時ニ猾計ヲ廻ラシテ上ヲ暗マシ下ヲ瞞着スル如キコトナクンバアラズ」と疑義を呈した［岩波 1998: 31］。

岩波にとって、政治的手練手管の巧みさによって「大人物」「大英雄」と称された伊藤は、尊敬に値しない人物だった。彼は維新の精神を喪失し、社会の荒廃を招いた元凶に他ならなかった。

岩波は言う。

余ハ其伎倆手腕ハ遥ニ伊藤侯ニ及バザル板垣伯ヲ推尊ス　何トナレバ氏ハ至誠ヨリ起リ至誠ニ斃ル、真正ノ人物ニシテ仮面ヲ被ラザルヲ以テ也　サレバ板伯ヲ馬鹿正直ト称スルモノアルモ余ハ信ズ［岩波 1998: 31–32］

岩波にとって、尊敬すべき人物は伊藤よりも板垣退助だった。当時、第三次伊藤内閣が総辞職した後、衆議院第一党であった憲政党の首班大隈重信と板垣に大命が降下し、大隈内閣が誕生した。憲政党では旧進歩党系の大隈を首相とする代わりに、旧自由党系の板垣を内務大臣に据えて、「隈板内閣」を形成した。この内閣は、日本初の政党内閣と言われる。

岩波は、自由民権運動を戦い、内閣の中枢に至った板垣を高く評価した。板垣の「愛国」は、国民主権の要求と一体のものだった。板垣は藩閥政治を批判し、一部の特権化した人間による政治体制を批判してきた。「愛国」を名前に掲げた政党(「愛国公党」「愛国社」)を結成し、民選議院設立を要求し続けた自由民権運動は、国民主権ナショナリズムの現れだった。

岩波は、板垣の歩みにリベラルなナショナリズムのあり方を見出した。初発のナショナリズムは、独占的政治体制に対する主権要求の運動として形成される。ベネディクト・アンダーソンが『想像の共同体』で述べるように、ネイションは「主権的なものとして想像される」［アンダーソン 1997:

25]。西郷隆盛・吉田松陰のナショナリズムは、岩波にとって「至誠」に基づく国民主権の要求だった。その精神は自由民権運動に引き継がれ、平民主義を訴えた徳富蘇峰に継承された。また、藩閥政治・欧化主義を批判し、国粋派の中核となった政教社も、岩波の中では同一の流れに位置付けられた。岩波にとって、杉浦への敬愛は、国民主権ナショナリズムへの情熱の延長上にあった。

岩波は杉浦に訴える。

余ハ西郷大先生ヲ遠ク尊敬シテ教ヲ請ハントシ吉田大先生ヲ近ク親ミテ知己タランヲ希フモノ也　余已ニ混頓タル時世ニ憤慨ニ堪エズ止マント欲シテ已ム能ハズ吾ノ志望ヲ斯ク導キシ也

[岩波 1998: 32]

岩波は、杉浦に対して日本中学への入学と書生としての受け入れを懇願した。家庭の窮状を打ち明け、東京で学びたいという意欲を示した。これ以上、母親には金銭的迷惑をかけることはできない。牛乳配達でもどんな仕事でも続けながら、勉学に励みたい。だから、どうしても自分を受け入れてほしい。杉浦の下で学びたい。そう訴え、回答を迫った。

嗚呼先生　余ガ求メント苦心セシハ　先生　ナリシ也

先生願ハクハ余ノ愚鈍ヲステ給ハズ不幸ナル可憐児ガ至誠ナル心ヲ哀ミ我ヲシテ書生タラシメ

ヨ　先生許可セラルルヤ否ヤ［岩波 1998: 34］

この手紙を受け取った杉浦は、書生に置くことは難しいものの、ともかく一度上京するようにとの返事を送った。

岩波は決意を固め、母に嘆願した。

「私には財産も何もいらない。妹にやつて呉れ、私に自由を与へて下さい」［岩波 1940a］

家業を継ぐべき岩波が、父亡き後に郷里を離れて東京に出ていくことなど、親戚一同が容認するとは思えなかった。実際、母は容易には納得しなかった。しかし、岩波の熱意に押されたのか、母は「それ程お前が云ふなら」と、無断で上京したことにして、岩波の希望を聞き入れた［岩波 1940a］。

ついに、岩波が諏訪を離れる時がやってきた。

上京、そして日本中学へ

一八九九年三月。

岩波は、諏訪実科中学の四年生を修了したところで、上京した。東京に到着して、まず会いに行ったのは、京都で出会った木山熊次郎だった。彼は一高の寮を訪ね、久しぶりの再会を喜んだ。木山は、岩波を諏訪藩の寄宿舎・長善館へ連れて行き、滞在先を確保した。

岩波は翌日、世田谷の松陰神社を参拝した。そして、日本中学の試験に備えた。

四月四日、彼は日本中学の五年生の編入試験を受験した。試験は難しかった。特に東京英語学校を前身とする日本中学は、英語のレベルが高かった。英語の試験は田舎の中学校で受けた教育では、歯が立たなかった。

結果、岩波には不合格が通知された。

納得いかない彼は、「怪しからん怪しからん」と言って憤慨した。そして「俺がこれ程杉浦先生を慕つて来て入れないといふなら、俺はもう死んでしまふ」と騒いだ[守矢 1947]。

岩波は、杉浦に直談判に向かった。しかし、杉浦は「受からなかつたのでは仕方がない」と突き返した。

それでも、岩波は引き下がらなかった。彼は言った。


自分は四、五日前先生を慕つて日本中学へ入らうと決意して田舎から出て来たのです。外の学校へ入らうといふ気は毛頭ないのです。日本中学に入れて貰へなければ死ぬより他に道はありません。家へもおめおめと帰れません。[守矢 1947]

日本中学の頃

彼は必死で懇願し、最後には「入れていただけなければこゝを動かない」と言った。杉浦は、その姿に心を動かされ、再試験を認めた。結果、岩波の入学は認められ、晴れて日本中学の五年生として、新しいスタートを切ることができた。

日本中学での学校生活は、諏訪とはまるで異なるものだった。田舎の教育は抑圧的な「師範主義」だったのに対し、日本中学の校風は自由だった。教師と生徒の関係も兄弟のようなつながりで、「毎日勝手気儘だつた」。教室の座席も決まっていなかった。勉強したい者は朝早くに学校に行って前の席を取り、落第者は後ろの席で遊んでいた。岩波はうれしくて仕方がなかった。「規則ずくめの所からまるで構はない世界へ来た」ことの解放感を喜んだ［岩波 1942a: 33］。

岩波は、何度か後輩を連れて上野公園に行った。目的は西郷隆盛像だった。彼は像の前で最敬礼し、後輩にも敬礼するよう命じた。周りの人たちがクスクス笑っていたが、お構いなしだった。

友人たちと遠出をすることもあった。無謀な行動も許された。

彼は充実した一年間を過ごした。「個性」が尊重される日々は、心地が良かった。順調に勉学に励み、卒業時の成績は一〇〇人ほどの学生の中で二五番だった。

一九〇〇年三月、岩波は日本中学を卒業した。そして、憧れの第一高等学校入学に向けて、勉強に集中した。

第一高等学校入学

一九〇〇年七月、岩波は一高を受験した。しかし、結果は不合格だった。彼は一年間の浪人生活を送ることになり、そのまま東京にとどまった。

翌年の合格に向けて受験勉強を再開したものの、心身のバランスを崩し、神経衰弱に陥った。そのため一〇月から伊東に転地し、旅館の一室で静養することになった。

当初は思い切って半年間、休息に充てようと考えた。「さうしたところが初めての海岸生活だったので、三月すると体が非常に良くなつた」。一二月後半になると体調は元に戻り、これ以上、静養に充てる必要もなくなった[岩波 1942a: 38]。

この年の年越しは、ちょうど二〇世紀の幕開けだった。彼は、その瞬間を東京で迎えようと考え、一二月三一日に帰京した。本郷の下宿・北辰館で新しい年を迎え、以後、受験勉強に打ち込んだ。その甲斐もあり、一九〇一年七月、岩波は一高に合格した。九月には念願の入学を果たし、晴れて一高生となった。

この年、一高では全寮制が導入された。自治寮が発足したのは一一年前の一八九〇年で、当時の校長・木下廣次が下宿文化を嫌ったことが発端となった。木下は、学生を世の中の「悪習」から切り離し、勉学に集中させるための「籠城主義」を唱えた。そして、入学者全員の入寮を検討し、突貫で自治寮を建設した。

このときは資金不足のため皆寄宿制は実現しなかったが、一九〇〇年九月になって、新たに三棟の寮が建設され、全生徒を収容できる態勢が整った。これに伴って一九〇一年一月に「本校生徒ハ在学中寄宿寮ニ入寮スベキモノトス」という校則が定められ、特殊な事情がある者以外は、原則的に寄宿が義務付けられた[一高自治寮立寮百年委員会 1994: 73–74]。

このころ、一高の寮では「豪傑主義」が幅を利かせ、鉄拳制裁や暴力沙汰、飲酒騒ぎが度々起きていた。特に、就寝中の新入生の部屋に乱入して寮歌を熱唱し、暴力的説教を行う「ストーム」が名物化し、日常的に頻繁に行われていたが、一部では暴力行為を問題視する声も挙がっていた。一八九八年一〇月には学生の総代会に「ストーム禁止議案」が提出され、結果的に否決されたものの、議論は紛糾した。一九〇〇年二月には暴力ストームによって十数名が殴打され、一名が失神。泥酔状態で暴行をはたらいた学生は、直ちに停学となった。そのような過程で豪傑主義は相対化され、批判的な声が挙がるようになっていた。

一高生が投稿する『校友会雑誌』では、校風や寮のあり方をめぐって議論が交わされた。木山熊次郎は一九〇〇年二月に「校風の今日」と題した論考を投稿し、「青年の堕落今日より甚しきはなし」と厳しく批判した。木山にとって、一高の学生は「全国幾百の中学の上に位して学生の模範たるべき」にもかかわらず、その校風は乱れ、道義を失っていた。彼は「個人を正ふし真個の自治を為す」必要があると訴え、理想主義的な校風への刷新を説いた[木山 1900: 11–19]。

このころから、豪傑主義・籠城主義といった従来の校風に背を向け、個人の苦悩に沈潜しようとする個人主義的な傾向が見られるようになる。一九〇一月一一月には荒井恒雄が『校友会雑誌』一一一号に「個人主義を論ず」を発表し、蔓延する酔歌乱舞の慣習を痛烈に批判した。そして、「個人主義は自治寮の精神にして、自治寮は個人主義の団体なり」と宣言し、規律ある個人主義による自治の重要性を説いた。彼は、断続的に論考を発表し、「禁酒主義」を訴えるとともに、「偽豪傑主義」からの脱却を説いた。

当初の岩波は、豪傑主義的風潮に同調し、ボート部で活躍した。彼は入部して間もなく一部選手に抜擢され、日々、練習に明け暮れた。寮では頻繁に茶話会を主宰し、同級生とも遊び歩いた。問題視されていたストームも率先して行った。しかし、「やり方は、あくどくなく、極めてあっさりと、又男らしくやる方であった」[工藤 1947]。

彼の同期入学には阿部次郎(哲学者)や石原謙(キリスト教史学者)、林久男(ドイツ文学者)、鳩山秀夫(民法学者、衆議院議員)らがいた。彼らとはのちに仕事を共にし、岩波書店から書籍を刊行することになる。ゲーテ研究などで知られる林は、同じボート部の部員だった。

煩悶と求道学舎

一九〇二年九月、岩波は二年生に進級した。この頃から人生の方向性に変化が生じる。きっかけはボート部内のトラブルだった。

彼は言う。

運動界に入つても、やはり何といふか、あまり純情ばかりではないのだ。いろ〳〵な社会的な醜悪といふものが付きまとつてゐる。運動界の腐敗といふやうなことに対しても、非常にいやな気を起した。［岩波 1942a: 42］

具体的に如何なる「運動界の腐敗」があったのかは定かではない。しかし、一高の豪傑主義に「純情」を求めていた岩波にとって、部活で垣間見た「社会的な醜悪」は、耐えがたいものだった。

一高ボート部．中列左が岩波．1902年春

悩みは静かに沈殿していった。同時期には深い失恋も味わった。相手は諏訪の女性で、東京で学生生活を送っていた。彼女は同郷の同級生を愛しており、岩波の一方的な片思いだった。煩悶恋に破れた彼は、失意の中をさまよった。煩悶は加速した。

悩める岩波は、一高近くの求道学舎に顔を出した。求道学舎は一九〇二年六月に近角常観《ちかずみじょうかん》が開設した浄土真宗大谷派の修養場である。一九一五年にはレンガ造りの求道会館が武田五一の設計で建てられ、現在に至っている。毎週末に開催された「日曜講話」には、一高生をはじめとする多くの煩悶青年が集まり、近角との交流を通じて内省を深めた。

近角は一八七〇年生まれで、求道学舎開設時は三二歳の若き僧侶だった。彼は滋賀県東浅井郡朝日村の西源寺の長男として生を受け、一高・東京帝大哲学科を卒業した。彼は宗門改革運動に参加したが、その中で人間関係をこじらせ、大きな苦悩を抱え込んだ。仲間はまとまらない上、熱心に活動すると疎まれた。自己を受け入れない他者を恨み拒絶すると、仲間から遠ざけられた。

塞ぎ込んだ近角は、懐疑主義的になり信仰心まで失いかけた。自己嫌悪が肥大化し、時に自殺を考えた。東京を離れ実家に帰ると、今度は重い病に陥った。

そんな中で、彼は再び仏教と出会い直した。仏を真の友と思うと、煩悩具足の自己を受け入れることができた。自己の罪深さと向き合い、懺悔しながら生きれば、自ずと仏が寄り添ってくれる。自己の体験を語ることで内在的悪と対峙し、その語りの相互性によって、同朋との絆を深めることができる。

近角は「体験主義」をテーゼとし、苦悩を抱えた者同士が語り合う場の必要性を痛感した。そこで創設したのが求道学舎だった。彼は若者たちと寝食を共にしながら、自己の体験を伝えた。日曜日には語りの場を外部に開き、多くの人を受け入れた。

岩波は、開設されたばかりの求道学舎に通い、自らの煩悶を打ち明けた。すると、近角は深く同情し、自己の体験を語り伝えた。そして、自らの若き日の軌跡を著した『信仰之余瀝』(一九〇〇年、大日本仏教徒同盟会)を手渡し、親鸞の教えを説いた。

同時期に近角のもとに通い始めた一高生に、三井甲之《こうし》がいた。彼はのちに蓑田《みのだ》胸喜《むねき》らとともに雑誌『原理日本』を創刊して、知識人へのファナティックな攻撃を繰り返した。一九三〇年代以降、岩波は『原理日本』グループからの激しい批判にさらされ、対決を余儀なくされる。

三井は岩波の一学年上で、学内の俳句会に所属していた。しかし、豪傑主義が支配的な寮生活に馴染むことができず、神経衰弱に陥った。そのような中で救いを求めたのが、求道学舎だった。彼は近角に感化され、親鸞に傾倒する。

三井は、のちに『原理日本』誌上で岩波書店から出版された津田左右吉の著作を激しくバッシングし、津田を大学辞職に追いやった。岩波は津田とともに三井らと戦うことになるのだが、同じ一高時代には、二人とも同時期に近角のもとに通い、煩悶を吐露していた。

一〇月に入ると、近角は岩波にトルストイ『我が懺悔』を読むよう勧めた。岩波は近所の書店で購入し、寮の消灯後、蠟燭の下で一気に読んだ。

岩波は激しく心を揺さぶられた。これは「自分のために書かれた」と思い、歓喜した[岩波 1998: 53]。「信仰なきところに人生無し」という一文は彼を突き刺し、これまでの自分の過ちを反省した。

前列左から 2 人目が阿部次郎，3 人目が岩波，後列右が安倍能成．1904 年初夏

> 大変当時は気が楽になつた。成程信仰といふものを得て、初めて人生に対する、今まで求めるところが違つてをつたといふところに気がついて、それから今度は信仰を得ようといふ気になつた訳だ。［岩波 1942a: 45］

彼は、煩悶解決の糸口をつかんだと喜んだ。これまで暗黒の中にあった世界から脱出し、光り輝く世界に出ることができたと思った。翌朝、彼が余りに晴れやかな表情だったため、周りの友人たちはその変わりぶりに驚いた。

一九二九年、岩波は『トルストイ全集』を出版し、来日したトルストイの娘アレクサンドラと会った。彼のトルストイへの傾斜は、生涯続いた。

内村鑑三の「日曜講義」

一九〇二年一一月の秋季一部レースの懇親会で、岩波の不満は爆発した。彼は「満腔の不平を、酒の勢ひで吐いた」。そして、泥酔した挙句、正気を失い、寮まで運ばれた。目には涙があふれた［岩波 1942a: 43］。

岩波は、ボート部を辞めた。世の中に失望し、生活にも張り合いを失った。すると、人生に対する根源的な疑問が湧きだし、勉強への意欲を失った。

高等学校へ入つて、要するに高等学校だけは、寮の生活は得難い生活だと考へて居つたのが、浮世と少しも変つたことがないといふことから、「人生は何ぞや」といふことになつて、あの頃見たのが北村透谷、あれに非常に感動したことがある。こんなに自分の気持と合ふ奴がゐるかとつくづく思つたことがある。［岩波 1942a: 43–44］

憧れだった一高での寮生活も、理想とは異なるものだった。そこは一般社会と何も変わらない俗世界だった。運動部の世界にも、やはり「世相の暗影」が宿っていた。そうして「だんだん人生問題を考えさせせられるようになった」［岩波 1998: 53］。

快活なボート部の青年だった岩波が、一転して人生の苦悩を抱え込む煩悶青年へと変貌した。最早、勉強は手につかず、懊悩の中に生きる日が続いた。一高での生活は「憧憬より失望へ、失望より人生悲観へ」と移っていった［岩波 1998: 54］。

しかし、この深刻な煩悶の経験こそが、岩波の人生を支えることになる。彼の世代は、徳富蘇峰や杉浦重剛といった「遅れてきた世代」とも性質を異にした。蘇峰ら明治第二世代は維新を成し遂げた元勲たちの世代に反発した。維新を成し遂げながら藩閥政治を敷いたことに不満を抱き、世代交代による「第二の維新」を主張した。しかし、この世代はまだ明治の物語の中にいた。彼らは条約改正が進展しないことへの憤りを抱き、日本の一等国への仲間入りを悲願としていた。彼らは国家目標と自己の人生をリンクさせ、国家の興隆と立身出世を一体化させて考えた。

しかし、岩波の世代は、すでに日清戦争に勝利をおさめ、治外法権の撤廃が成し遂げられた後に青春期を迎えていた。明治維新から三〇年以上が経過し、富国強兵・殖産興業という国家目標は、かなりの程度、達成されていた。彼らにとって、明治の物語の自明性は崩れ、立身出世という夢は相対化され始めていた。

代わって広く共有され始めたのが「人生論的煩悶」だった。彼らの間では個が国家に還元されることなく、「内面」への没入が進行していった。岩波の一〇代にあたる一八九〇年代は、国家体制の確立期であり、「内面」が形成された時期でもあった[柄谷 1980]。また「煩悶」という語が、「自己の内面を覗き込む苦悩を表わした特別な語として定着」していったのも、この時期である[平石 2012: 21]。

「煩悶青年」たちは、次の時代の思想・文学・政治を動かしていく。岩波の苦悩は、新しい時代の予兆と共にあった。

岩波が心を寄せたのが内村鑑三だった。内村は一九〇〇年九月から雑誌『聖書之研究』を刊行し、日曜日の午前には自宅で聖書の講義を始めていた。これは「角筈聖書研究会」と呼ばれ、小山内薫らが参加した。

岩波が内村に関心を抱いたのは、一九〇〇年八月の長野県上田での講演会がきっかけだった。当時、岩波は一高受験に失敗し、浪人生活を始めたばかりだった。一方の内村は、上田を拠点にキリスト教の伝道活動を開始しようとしていたが、思い通りいかずに断念した。

その後、岩波は伊東で療養生活を送ることになるが、偶然にも内村が伊東を訪問し、温泉旅館で講演を行った。岩波は話を聞きに行き、感銘を受けた。そして、翌日、内村のもとを訪ね、熱海まで同行することになった。

内村は道中、「北海道の自然は大陸的」だと話し、岩波を喜ばせた。熱海に到着すると、宿屋の二階に岩波を招き、牛肉を食べさせた。岩波が恐縮し、食事を遠慮していると、内村は「気の毒がらせまい」として、人足を頼んだようなものなのだからと話した[岩波 1933b]。

しかし、岩波は憤慨した。岩波が熱海まで同行したのは、内村を「敬愛する余りの純情そのものであつて」、人足扱いは心外だった。旅を共にし、内村の謦咳《けいがい》に接したことに「絶大の光栄と喜びを感じてゐた」にもかかわらず、彼は低い扱いを受けたと思い込み、立腹した。のちに岩波は手紙を送り、「今後先生には師事しない」と書いたが、内村から丁寧な返事が届いたため、怒りは収まり、再び尊敬の念が強くなった[岩波 1933b]。

岩波の周りでは、木山も内村を敬愛していた。木山は創刊時から『聖書之研究』を購読しており、下宿に創刊号から最新の三〇号まで揃えていた。木山は岩波に、内村の著書と『聖書之研究』を薦めた。煩悶を抱え込んでいた岩波は、貪るように通読し、内村への敬意を深めた。

一九〇二年一二月、岩波は内村のもとを訪問し、再会を果たした。当時、「角筈聖書研究会」は定員制で、「一年間聖書を研究した者でなければ聴講の特権を与へないといふ」体制だったが［岩波 1942a: 40］、岩波は「出席する特権を与へられ」、毎週日曜日、内村のもとに通い始めた［岩波 1933b］。内村は、岩波に聖書の中の「愛誦の句」を聞いた。岩波は旧約聖書にある「義しき者になやみ多し」と答えた［岩波 1933b］。

岩波は言う。

> 私は定つた聖書の講義などよりも先生の感想などに非常に興味を持ちその中には暗記したものも多くあつた。中には先生が自分の為めに言つて呉れたのではないかとさへ思はれるものもあつた。［岩波 1933b］

岩波は内村から強く影響を受けた。彼は岩波書店を創業すると、『聖書之研究』を熱心に販売した。また、岩波書店から『内村鑑三全集』を刊行し、一九三三年一二月に完結した。彼は、全集第二〇号の月報に書いた「全集完了に際して」の中で、内村から受けた教えを次のように列挙してい

内村鑑三聖書講演会．長野県下諏訪町の亀屋．1915 年 4 月

る。

　神の国の福ひは遂に分らなかつたとしても此の世の栄の詰らない事はしみじみ教へられた。永遠なるものと泡沫の如く消え行くものとの区別も教へられた。民衆を眩惑する外面的の事柄よりも密室に於ける一人の祈りが遥かに大事業である事を力強く教へられた。社交のつまらなくて自然を友とする事と読書を楽む事の気安さとを教へられた。［岩波 1933b］

　内村はクリスチャンであり、ナショナリストだった。岩波にとって、内村の信仰と愛国心は胸に響いた。そして、内村を「国賊」「非国民」と罵る国家主義者たちに対して嫌悪感を抱いた。この経験は、昭和期に自らが

偏狭なナショナリストと対峙することになる際、重要な意味を持つことになる。

さて、内村のもとへ通いだした岩波は、学業が手につかず、年末の学期末試験を放棄してしまった。彼は冬休みを「一巻の聖書を携えて」、房総半島で過ごした[岩波 1998: 53]。

しかし、キリスト教の信仰を抱くには至らなかった。彼は、どうしても最後の一歩を踏み出すことができず、悩んだ。「信仰への緒口は与へられたとはいふものの、信仰を得た訳でなく、それからは一時学業も放擲して、たゞ自然に愛着を感じてゐたので方々に出掛け彷徨した」[安倍 1957: 60]。煩悶は迷いにつながり、方向性を見失った。先の見えない日々が続いた。

個人主義的傾向

一九〇二年秋には、一学年下に安倍能成《よししげ》が入学してきた。安倍はのちに哲学者として活躍し、一高校長・文部大臣などを歴任する。岩波とは生涯にわたる友人で、岩波書店のよき理解者・協力者だった。

安倍は当時、一高の豪傑主義に対して批判的だった。

爾来自治寮の危機を叫んだり、救治策を講じたりする文章が、明治三十五年(一九〇二年——引用者)以来、高山樗牛の影響、更に溯れば内村鑑三、北村透谷等、更に下つては清澤滿之、近角常観、綱島梁川等の影響もあつて、一高文芸部を中心として、自己に沈潜しようとする個人主義的傾向が擡頭し、これが籠城主義的校風論者と対立し、中には折衷的立場のものも出たが、阿部次郎は思索的に、魚住影雄は情熱的、宗教的に在来の校風に反抗し、著者(安倍のこと―引用者)も亦その仲間であつた。[安倍 1957: 44]

安倍は豪傑主義者と対立し、自己の苦悩に沈潜する個人主義を支持した。『校友会雑誌』では、個人の尊重を訴える論調が盛んになり、寮の自治を求める声が高まった。一一八号(一九〇二年六月)に「酒を論ず」を投稿し、禁酒主義を訴えて話題となった荒井恒雄は、続く一一九号(一九〇二年九月)に「校風とは何ぞや」を発表し、個人主義と寮の自治の重要性を高らかに説いた。

わが校風の淵源や自治のみ。只夫れ自治なり。自治にして完からずんば校風何ぞ挙らん。或は能く外形に於て整正なりといへども之れ砂上の楼閣のみ。(中略)先づ自己の存在を認識し個人の思想の独立を謀らば自治の根己にいでたり。かくて独立独行。正義の剣を揮ひ。仁恕の情を以て之に交ゆれば毅然たる人格始めて成らん。玆に至りて勤倹と尚武とを以て日常の規矩とす。校風始めて天下に誇示するに足るべきのみ。[荒井 1902]

岩波は、このような煩悶青年たちの個人主義的傾向に接近していった。

同級生の林久男も同様に人生の煩悶を抱え、悩める青年として岩波と共感しあった。一九三四年に林がこの世を去ったとき、岩波は「弔辞」を読んでいるが、その中で一高時代に触れ、「人生ニ対スル煩悶ヲ共ニシタコトヨリ一層親密ノ度ヲ加ヘタ」と回想している[岩波 1934b]。

岩波の苦悩は、同様の煩悶に苦しむ青年に囲まれることで加速した。

藤村操の自殺

そんな時、衝撃的な事件が起こる。同じ一高生で、岩波にとっては一学年下の藤村操が華厳の滝に飛び込んで自殺したのである。

藤村は一八八六年生まれで、札幌で育ち、一二歳の時に親の仕事の関係で上京した。一高に入学したのは一九〇二年九月。岩波の一学年下だった。

岩波と藤村は顔見知りだった。二人は隅田川で同じボートに乗ったこともあった。しかし、ほぼ同時期に両者ともスポーツから離れ、煩悶を繰り返した。

一九〇二年の冬には、藤村も房総半島を旅した。彼は、銚子で一人の灯台守と出会い、感銘を受けた。灯台守は自然にさらされ、自然と共に生きている。彼はその姿に宗教的存在を見出し、心を揺さぶられた。

しかし、深い懐疑からはなかなか抜け出すことができなかった。世の中を疑い、倫理を疑うと、その矛先は必然的に自己へと向けられた。

彼は苦しみ、やがて沈鬱の中に落ち込んだ。勉強が手につかない。スポーツに関心が向かない。不愉快が全身を覆い、ペシミズムが支配した。

そのような中、唯一、心を慰めたのが自然だった。何もかもが嫌になっても、永劫の自然だけは彼を裏切らなかった。机にはヤマブキや躑躅などを生けた。ワーズワースの詩を愛誦し、「自然は決して自然を愛する心を裏切らない」という文句に癒された。

藤村は自然との一体化を志向した。そして、彼が選んだ道は、華厳の滝に飛び込むことだった。彼は一九〇三年五月二二日、滝の落口に立ち、ナイフを取り出した。そして、巨木の幹を削り、「巌頭之感」と題した文章を書いた。

悠々たる哉天壌、遼々たる哉古今、五尺の小軀を以て此大をはからむとす。ホレーショの哲学竟に何等のオーソリチーを値するものぞ。万有の真相は唯一言にして悉す曰く「不可解」。我この恨を懐て煩悶終に死を決するに至る。既に巌頭に立つに及んで胸中何等の不安あるなし。初めて知る大なる悲観は大なる楽観に一致するを。［安倍 1957: 61–62］

藤村は大地にコウモリ傘を突き刺し、滝に身を投げた。享年一六だった。

この自殺は、世間で大きな話題となった。その死は「哲学的なもの」と捉えられ、多くの共感者を生み出した。後を追う自殺者が相次ぎ、煩悶青年という存在がクローズアップされた。『校友会雑誌』でも、藤村の死は大きく取り上げられた。一九〇三年六月に刊行された一二八号では、「藤村操君を想ふ」という特集が組まれ、旧友たちが追悼文を寄せた。同級生で交流が深かった安倍能成は、次のように述べている。

無神経なるこの国人の内、真摯ならざるこの国民の内、『宇宙の大本、人生の根本義』の解釈に煩悶して、懊悩遂に死に至るの君を出でしなり。げにこの詐り多き、浅薄なる、無神経なる、形式に走りて皮相を事とせる、混濁の社会に交らんには、君は余りに真摯なりき。余りに清浄なりき。嗚呼君の死をはやめしものは、実に君が真摯にてありき。〔安倍 1903: 71–72〕

この年、イギリスから帰国し、四月から一高で英語の授業を持つようになった夏目漱石は、藤村を教えた。藤村は勉強への意欲を欠いており、漱石は厳しく叱責したことがあった。のちに漱石は『吾輩は猫である』や『草枕』で藤村に言及し、その死の衝撃を書き残している。

岩波は、藤村の死に大きな衝撃を受けた。「巌頭之感」を何度も読み、涙を流した。「死以外に安住の世界がない」と考えたが、真面目さと勇気が足りず、自殺することはできなかった。

藤村の行為を非常に渇仰したものだ。自分達もこの時飛び込まないなら、真面目さが足りない、

勇気が足りない者だ。さういふやうな解釈だつた。何しろ迚も羨やんだものです。〔岩波1942a: 46〕

私共は君を勝利者の如く考へて讃歎し、自分の如きは美に憧るゝ純情が足らず、真剣さが足らず、勇気が足らざるが故に死の勝利を贏ち得ず、敗残者として生きてゐるのだとさへ考へたのであります。〔岩波 1942b〕

岩波は藤村を「羨やんだ」。その死は「憬れの目標」だった〔岩波 1998: 37〕。可能ならば藤村と同じ行為に及びたいと考えた。

岩波にとって、藤村は同時代・同世代の同志だった。藤村の死に共感し、その苦悩と自己の苦悩を同一視した。

岩波は、藤村に代表される「煩悶青年」の出現を、後年次のように回顧している。

当時は天下国家を以て自ら任じ、乃公出でずんば蒼生をいかんせんと云ったような前時代の後を受けて自己を内観する煩悶時代とも云うべき時代であった。悠久なる天地にこの生をたくする意義を求めて苦しむ時代であった。〔岩波 1998: 52〕

岩波は、杉浦重剛や徳富蘇峰に代表される上の世代との差異に、敏感だった。上の世代が追求した「立身出世の夢」を、無邪気に共有することはできなかった。明治の物語は既に底が抜け、人生問題が最大の関心事となった。彼らは「立身出世、功名富貴が如き言葉は男子として口にするを恥じ、永遠の生命をつかみ人生の根本義に徹するためには死も厭わずという時代」を生きていた[岩波 1998: 36]。

岩波の思想は、明治維新の志士や徳富蘇峰から感化された国民主権ナショナリズムの理念に、若き煩悶時代に培った哲学的・文学的志向が組み合わさったものだった。このリベラルな愛国心と哲学的教養主義が、のちの岩波書店の屋台骨となっていく。

失恋と厭世

岩波の煩悶は、日に日に深刻になっていった。彼は将来の方向性を見失い、悲観に明け暮れた。藤村が望んだように、自然と一体化したいと考えても、死に至る道を選択する勇気はなかった。かといって煩悶を強引に封印し、出世のための学業に従事することなどできなかった。

> 名を後世に掲げるといふやうな、それまでの立身出世主義の人生観は全く魅力を失ひ、寧ろこれを蔑視するやうになりましたが、同時に勉学の目的をも見失つて、一時私は学業さへ放擲したのであります。[岩波 1942b]

六月には学年試験があったが、途中で放棄してしまった。この時点で留年が確定し、岩波の人生の歯車は大きく狂った。

岩波は、一人の女性に恋をした。安倍は、相手の女性に会うことはなかったが、「快活な世間的な女」と聞いていた[安倍 1957: 71]。

恋は成就しなかった。岩波は追い打ちをかけるように精神的に追い込まれ、煩悶を繰り返した。当時、岩波が記していたノートには、男女間の愛の尊さが述べられるとともに、「余の生命の一半を捧ぐ可きものは此愛なり」と綴られている。また、愛は「人間の至情」であり、「濁世の光明」であるとも記されている[安倍 1957: 70–71]。

岩波は、失恋を引きずった。彼は自室にこもって「泣いて泣きまく」り、女性のことを思った。そして、彼女との霊的レベルでの一体化を望み、その思いを生涯貫く決意を記した[安倍 1957: 71–72]。

> 彼女の霊と合体せん為には、水火も辞せず、生命をも顧みず、只全力を尽して之を求めて止まざるなり。(中略)余はかくて一生独身なりと雖も、彼女の霊を慰藉者として、歓喜して清き真面目なる生涯を送るを得ん。之を余の恋観となす。[安倍 1957: 71]

彼の悲観は加速した。友人に会うことすら苦痛になり、自然の中で静かに暮らしたいと考えるようになった。もう「学問などは止めようと思つた」[岩波 1942a: 49]。

岩波は死を想った。藤村の影がちらついた。真面目に考えれば考えるほど、厭世観と共に死への憧憬が支配した。生きていることが嫌になった。

岩波は言う。

> 我は、誠に世にあきはてたるなり、生を厭へるなり、総ての望を失へるなり、而して遂に我は我を厭へるなり。[安倍 1957: 70]

彼は東京を離れる決意をした。自然と一体化するには、東京は余りにも不自然な街だった。彼は、孤独とともに自然に囲まれる生活を望み、東京を後にした。

野尻湖での生活

一九〇三年七月一三日。

岩波が行きついたのは、長野県の野尻湖だった。彼はこの湖の北西に浮かぶ琵琶島(弁天島)に渡り、ひとり俗世との関係を断った生活を送ろうと考えた。

島には七三五年に創建されたという宇賀神社がある。かつては参拝客も多く、島へは橋が架かっていたが、当時は橋も倒壊し、人影はなかった。岩波は拝殿の横の荒れ果てた板の間に薦を敷き、自炊生活を始めた。対岸の村との行き来はほとんどなく、時折、参拝人が神社を訪れてくるだけだった。食べ物は、彼が「牧童」と呼んだ少年が運んでくれた。

初日の夜は、寂しさに耐えかねて、友の名を呼んだ。もちろん、友が現れるわけはなかった。彼は寂寥感を募らせるとともに、自然の中の孤独に死の予兆を感じ、恐怖を抱いた。

あはれ寂寥を求めて友を呼び、生を厭ふて死をおそる。人は矛盾の動物なる哉。弱きは人の心なる哉。［安倍 1957: 67］

岩波は、この島の自然に囲まれて静かに過ごした。湖は清らかな水を湛え、周りを雄大な山々が囲んでいた。「この景色のうちにあって本を読むでもなく、何をするでもなく、鳥の声をきいたり雲の峰をながめて無念無想に暮した」［岩波 1998: 38］。

彼は自然との一体化を望んだ。子供が母親に抱かれて眠るように、自然に包まれる忘我の境地を望んだ。彼はこの頃を回想して「自然は何時でも何処でも限りなく慰みを与えてくれ、決して愛する者の心に背くことはない」と述べているが［岩波 1998: 38］、これは藤村が愛したワーズワースの詩の影響によるものだろう。岩波は、藤村が死によって実現しようとした境地を生きようとした。その生活は、死への欲望と背中合わせの中にあった。彼は俗世界と縁を切り、死んだように生きようとした。

妙高の頂きをかすめ行く雲の動きをじっと眺め、林の中を歩き廻り、湖水をのぞき、なす事もなく、考えることもなく、自然の懐の中で生活しました。自然を愛するとかいう生やさしいものでなく、自然に同化したような気持に充たされて私は幸福でした。［岩波 1998: 44］

岩波は無為で静かな毎日を過ごしていた。

島に渡って一〇日が過ぎた七月二三日のことだった。この日は風雨が強く、天候は荒れていた。彼は板の間に寝そべり、「大自然の怒りをじっと聞いてい」た［岩波 1998: 44］。するると突然、雨戸の隙間が明るくなり、黒い人影が入ってきた。彼は驚いて起き上がり、人影を凝視すると、それはずぶ濡れになった母だった。母は船頭に頼み込んで船をだし、嵐の中、訪ねてきた。

母は岩波と五時間余り語り合った。母は岩波を心配し、学業への復帰を願った。彼は母の愛に触れ、身勝手な行動を深く反省した。

彼は母を最寄りの駅まで送り、島へ戻った。その夜は「我の罪深かりしを追想して」なかなか眠りにつくことができなかった。感情は高ぶり、最終的に一つの決心をするに至った。

吾人の理性が如何に生存の無意義を示すとも、吾人の感情が如何に死の安慰を訴ふるとも、吾

人は我が唯一の母の天地間に存命せられる限り、断じて断じて自ら我が生を断たざる可し[安倍 1957: 68–69]

岩波は母の愛に触れ、自殺を思いとどまった。いかに生きていることが無意味に思われても、いかに心が死を求めても、自らの手で命を絶つことはしないと決意した。

岩波は、藤村のことを想った。そして、彼とは同じ道を歩まないことを心に誓った。

たとへ万有の不可解を知ることあるも、藤村君を学んで花の如き最後に安慰を得る能はず、又人生の憂苦を免るゝ道に失敗することあるも、かのウェルテルの跡を追ふ能はず、噫、一度一決心をして喜びし我は、直ちに大なる悲境に陥りぬ……あゝ涙多かりし一夜、母の愛を得たるの日、死の自由を失ひし日、人生の原野に何れに行く可きを知らざりし我が、僅に一活路を得たるの日。忘れがたきは明治三十六年七月二十三日なり[安倍 1957: 69]

岩波は自死という選択肢を捨てた。母の愛によって死の自由を失った。僅かに生きる活路が見えたものの、涙があふれて止まらなかった。

彼は自己と向き合った。これから如何なる人生を送るべきか、真剣に考えた。

多くの人と同じように世の中に出て仕事をし、普通の「世間人」として生きようと考えたが、どうしても自己の理想がそれを許さなかった。逆に、富士山麓の地で農業に勤しみ、温かい家庭を築いて平和に暮らそうかとも考えたが、自己の中にある欲望が疼いた。

我に不穏の精神と野次の根性あり、同情の精神、憂国の至情の心底に潜むあり。今煩悶せる我に取りて此境涯は安慰を与ふるに相違なきも、一切の社会的生活を止めて、一生かくして暮し了るを得るか。之れ大なる疑問なり［安倍 1957: 72–73］

岩波は「煩悶」と「野心」の間で引き裂かれた。彼の中には、中学時代からの「憂国の至情」が渦巻いていた。すべての「野心」を捨て、俗世界から距離をとる生活に魅力を感じる一方で、そのような生涯に満足できるとは思えなかった。岩波は「煩悶」と「憂国」を天秤にかけ、苦悩したが、次第に両者を統合する方向性を模索するようになる。

また、岩波は「信仰」を持つべきか否かという点でも悩みこんだ。内村の日曜講義に参加し、キリスト教に接したものの、どうしても洗礼を受けることはできなかった。近角常観の求道学舎にも通ったが、浄土真宗の門徒となることはなかった。トルストイの「信仰なきところに人生無し」という言葉に感化され、真剣に宗教的な道を模索したが、最後の一歩が踏み出せなかった。

島での生活でも、信仰の問題を考え続けた。煩悶からなかなか抜け出せないのは、信仰を持たないせいだと思った。信仰さえ確立すれば、問題は解決するように思われた。

しかし、どうしても信仰を持つことは難しかった。

余は信仰の必要を知る、而も未だ信念なきなり。復活を信ぜざれば基督の救世主なるを信ずる能はず。又仏教を究めざれば、解脱の如何なるものかを知る能はず。然れども余には余の神あり。余の神は真理なるか、人格を備たるものなるか、万有其物なるか。吾之を知らず。只余は云はん、余の神は余に自由、正義、博愛、純潔を絶対的に渇望する念を与へ賜ふものなりと。余は余の神の我心にあるか、心以外にあるか、又其如何なるものなる乎は、毫末も知らざるなり。余はたゞかゝるもの在るを知るなり、而して余は之が為には喜んで死に就くを得。之れ余の神なり。［安倍 1957: 73–74］

岩波は超越的・絶対的存在の確信を有しながら、特定の信仰を持つことができなかった。「神」の「在り処」がわからなかったが、「神」が「在る」ということははっきりしていた。真理は「自由、正義、博愛、純潔」の渇望と一致していた。

岩波は孤独の中、悩みを友人に書き送った。心配した林久男は、彼のもとを訪ねてきた。林は岩波と共に煩悶し、藤村の死に際しては、共に慟哭した仲だった。

結果、彼は約四〇日間の滞在を経て、東京に戻ることに決した。

自然の中での生活は、彼にとって貴重な体験となった。島を去る時には、涙があふれた。それは

「天地に慟哭するといふやうな気持だつた」[岩波 1942a: 50]。

しかし、悩みが解決したわけではなかった。将来の見通しが立ったわけでもなかった。東京に戻れば、再び学業が待っている。落第した後の学校生活が待っている。そこに本当に希望は存在するのか。

あゝ世に光を認めず、生存の意義を知らざるも、余は暫らく母の愛の俘となりて苦しき生をつゞけざるを得ず、学を修めん望なきも学を励まざるを得ず、向陵の地はうれしからざるも再び踏まざるべからず[安倍 1957: 76]

こうして、岩波は再び一高の門をくぐった。

学生から教員へ

野尻湖を去った岩波は、友人と房総半島に旅に出た後、九月の新学期スタートに合わせて帰京した。彼は寮を退出し、田端に下宿した。

落第した彼は、一学年下の安倍能成らと同じ学年となった。しかし、学業への熱意は一向に回復せず、学校にも顔を出さない日々が続いた。秋には華厳の滝を訪問し、滝口から滝壺を見下ろしたりした。彼は「この滝で死んでも命は惜しくない、……たゞ国の母のことを考へると死ぬわけにはゆかぬ」と語った[安倍 1957: 80]。

一時期は、ミレーの絵に凝り、南米に渡って羊飼いをしようと考えたこともあった。木山と別れの写真を撮り、アメリカ渡航の手続きまで行ったが、当時は移民問題が深刻化しており、渡航許可が下りなかった[安倍 1957: 60]。

音楽学校への入学も考えた。しかし、これは阿部次郎に止められ、断念した[岩波 1998: 53]。結果、岩波は再び落第し、最終的に一高を除名になった。一九〇四年夏からは独逸協会学校と正則英学校に通い、かろうじて勉強は続けた。そして一九〇五年九月、彼は東京帝国大学文科大学の哲学科に入学した。ただし、彼は一高を中退したため「本科」への入学ができず、「選科」で学ぶこととなった。

赤石ヨシと結婚. 1907 年 3 月

東京帝大では、ケーベルの講義などを受けた。彼は「分らないながらも出て行ったが、やはり先生を尊敬するといふ気持だけでも、それは有難かつた」[岩波 1942a: 55]。

彼は神田の赤石家に下宿した。そして、この家の娘ヨシと出会った。彼は入学から半年ほどたったある日、ヨシを「浮間ヶ原に桜草を摘みに行かないか」と誘った。二人で浮間ヶ原に出かけ、原っぱで弁当を食べていると、急に岩波が「如何にも恥しいやうな困つたやうな顔をして」結婚を申し込んだ。ヨシが「とにかく母にも話して見なければわからない」と答えると、「あなたの気持ちはどうなんですか」と尋ね、「私はよいのですが……」との答えを得ると、「それではそのしるしに握手をしよう」と言った〔岩波よし 1947〕。

一九〇七年、岩波は学生結婚した。彼は木山が刊行していた『内外教育評論』の編集を手伝い、また中学校で教えることで報酬を得た。

一九〇八年六月には、母が亡くなった。享年四六の若さだった。彼はのちに「母には心配のみかけた」と振り返り、「何一つ母を喜ばせることが出来なかった」と悔いている〔岩波 1998: 44〕。

神田高等女学校の教師時代の岩波と教え子．1912 年 12 月 7 日

岩波は直後の七月、卒業論文「プラトーンの倫理説」を提出し、無事、東京帝大を卒業した。翌八月には長女が誕生した。そして、一九〇九年三月、阿部次郎の紹介で神田高等女学校に就職し、教員としての人生を歩みだした。

女学校での教員生活は、約四年に及んだ。彼は親切な教師として生徒から慕われ、熱心に授業に励んだ。しかし、再び彼の中に疑問が湧いてきた。女子教育に尽力し、世の中のために尽くそうと考えていたが、よく考えると、自分自身の煩悶は何も解決していなかった。一高時代の苦悩が、よみがえってきた。すると、途端に教育者としての自信が失われた。

自分は、人に対して何かを教えるに足る存在なのか――。

彼の自己への懐疑は深まった。

私には、人生に於ける根本信念があるわけでありませんから、人を教へる前に教ふべきは自らである、人を救う前に救はるべきは自分である、といふやうな悩みを感じ、数年ならずして私は、人の子を賊ふ苦痛より免れて、心の落着きを他の境涯に求めるやうな気持ちになつたのであります。［岩波 1942b］

自己の教育方針と世の中の実態の乖離に悩み、また上司の命令に従って生きることに苦痛を感じたりしたが、それ以上に教育者としての自己に自信を持つことができなくなり、学校を辞める決断を下した。「内省の結果自分は人の子を教ゆるに足る資格を備ふる者でないと自覚した」ことが最大の原因だった［岩波 1914a］。

神聖なる教育事業に従事して人の子を導く資格ありや、汝の人格性行は他の典型たり得るか白紙の如き児童の脳裡に汝の与ふる印象は如何、汝の教育上の理想、主義なるものの根底は何処にありや、汝何の権威を以て人の子を導かんとするか静に内省するに我心は虚偽謎妄の魂のみ。信仰なく所依なく自覚なく根底なく殆ど適従する所を知らない有様である、かゝる不安攪乱の心持を以ていかで人を教ゆる大任を果す事が出来ようか、人を教ゆる前に先自らを教へねばならぬ。人を救ふ前に先自らを救はねばならぬ。［岩波 1914a］

岩波の煩悶は、終わっていなかった。人生の根本問題は解決していなかった。「不可解の問題は不可解として永へに残つて居」た。突然、「寂寥悲哀の感に襲はれ独り涙を流す事」が続いた［岩波 1914a］。

教員を辞職すれば、当然無職になる。妻と子を抱えながら、どうやって収入のあてを探すのか。しかし、煩悶は生活の欺瞞を許さなかった。お金よりも大切なものがあった。

そして、この思い切った決断と行動が、岩波の人生の新たな頁を開くことになる。もちろん、このとき岩波は自らの将来にどのような行方が待ち受けているか、まったく想像がつかなかった。

三一歳の夏のことだった。

第二章

岩波書店創業（一九一三―一九三〇）

開業当初の岩波書店店頭．1918 年 4 月

古書店開業

神田高等女学校を辞職することにした岩波は、次の仕事を考えた。まず思いついたのが、農業だった。彼は、再び自然と共に生きる道を考えた。子供の時の農業体験が脳裏をよぎった。一高時代に南米で羊飼いをしたいと考えたことを思いだした。

彼は富士山が好きだった。南米への渡航を考えたときは、富士山と別れることが何よりも辛いと感じた。そのため、「東海の辺りに朝な夕な富士に親しみ乍ら、晴耕雨読の生活をしようと思」った[岩波 1942b]。

しかし、すぐに思い直した。田園生活は年齢を重ねてからでも問題はないので、しばらく取っておこうと思った。

そこで思い付いたのが、商人の道だった。「人の必要とするものを、なるべく廉価に提供し、扱ふ品物にも吟味を加へ、かくて、人の必要を充たすと共に自分の生活が成立つならば、それでよいではないか」と考えた[岩波 1942b]。

岩波は同郷の先輩で、東京で商売を成功させていた新宿・中村屋の相馬愛蔵に相談に行った[相馬 1947]。すると、相馬は「何商売にせよ、素人でも充分やってゆける」と力強く後押しし、勇気づけた。岩波は相馬から情報を得て、新宿で売りに出されていた乾物屋を見に行った。しかし、食指は動かなかった［岩波 1942b］。

岩波は「商売は何をしてもよかつた」が、今までの人生と関係のある仕事がしたかった。そこで思いついたのが、古本屋だった。彼にとって知の探求は人生論的煩悶に対峙することと直結していた。しかも、古本屋だと資本が少なくて済む。

彼は場所を探してみた。すると、一九一三年二月の神田大火の後に新しく建てられた貸家が、空いていた。彼はここで店を構えることに決し、契約を交わした。

問題は、店名だった。彼は妻に相談し、候補を挙げてみた。すると妻が「屋号だけ世間が知つて て店主が何といふ人か一向知れずにゐるのがいやだと思ふから姓そのままの岩波書店としては如何」と言った。岩波は「ア却つてそれがいいね」と賛成し、「岩波書店」という店名が決定した［小林 1963: 428］。

新宿・中村屋主人の相馬愛蔵

資金は田舎の田畑を売って捻出した。本屋をやるならば「自転車に乗ることを覚えなければいけない」と言って、自転車の練習をした［小林 1963: 428–429］。

一九一三年七月二九日、岩波は神田高等女学校を退職した。彼はこの日、告別式を終えたその足で車を引いて、古本市に行った。そして、大量の本を仕入れ、店に持ち込んだ。

八月五日、岩波書店は創業した。

彼は各方面に、次のような「開店案内」のはがきを送った。

秋風涼冷之候益御清祥奉賀候陳は野生儀感激なき生活の繋縛を脱し且つは人の子を賊ふ不安と苦痛とより免れん為教職を辞し兼てより希ひし独立自営の境涯を一市民たる生活に求めて左記の処に書店開業仕り新刊図書雑誌及古本の売買を営業といたし候

就ては従来買主として受けし多くの苦き経験に鑑み飽まで誠実真摯なる態度を以て出来る限り大方の御便宜を計り独立市民として善良なる生活を完ふいたしたき希望に候不敏の身貧弱の資を以て険難の世路を辿り荊棘を開いて新なる天地に自己の領域を開拓せんとするには定めて遭逢すべき多くの困難可有之事と存候野生が新生活に於ける微少なる理想を実現する為御同情御助力願はれ候はゞ幸之に過ぎず候[岩波 1913]

開店にあたって、彼に大きな野心があったわけではなかった。あくまでも「独立市民として善良なる生活を完ふ」したいという思いが第一で、日本文化への貢献といった大それたことは考えていなかった。

しかし、商売は利益最優先ではなく、あくまでも誠実に、「偽りなき生活」を目指して経営していきたいと思った。創業一年後に『読書世界』に掲載された文章では、次のように述べている。

偽りなき生活は人の子には全然不可能の生活かも知れない。併し偽りなき真実なる生活をしたいといふ慾求は吾々の意識に潜在する犯す可からざる厳乎たる事実である。吾々は日々虚偽の生活を送て平気で居るが、一度反省黙思する機会を得れば、此の真実なる生活をせねばならぬといふ衷心の叫びに驚かされるのである。偽りなき生活は吾々の衷心に蟠つて居る至深至高の要求である。

況んや出世間的の生活でなく俗悪なる商人生活に於て、此の比較的偽り少き生活を送るといふことは至難の事とは思ふが、私は利を求めて此境涯に入ったのではないから、微力の続かん限り此の可成的真実なる生活を求めんために健闘する積りである。［岩波 1914b］

岩波の商売は、人生論的煩悶の延長にあった。彼は「偽りなき真実なる生活をしたいといふ慾求」と書店経営を一致させ、倫理的に生きる道を模索した。

その表れが、古書の正札販売だった。当時の古書業界では、店頭での値引きが当たり前だった。しかし、岩波は断固として正札販売を実行し、一切の客との駆け引きを行わなかった。値引きを要求する客がいると、時に仕入れ値を打ち明け、誠実に対応した。怒って店を出ていく客もいたが、一歩も引かなかった。

今でこそ正札販売と云っても何でもないが、当時は正に破天荒な試みで、「古本を云い値で

売るものがあるか」と叱る客ばかりで、毎日店先で喧嘩ばかりしている始末だった。[岩波 1998: 14]

岩波にとって、客との駆け引きによる利益の追求は、疾しさを含む行為だった。彼にとって「偽りなき真実なる生活」の追求は、正当な値付けをして、誠実に商売を行うことだった。彼は一切の駆け引きを排除し、「店を信頼して呉れる人とのみ取引」するというスタイルを貫いた[岩波 1914b]。岩波は言う。

私の店は商業上の第三帝国でありたい。
私の店は私の個性の上に立てられた城でありたい。[岩波 1914b]

開店当初は、どうしても品薄で、本棚に空きスペースが出ることがあった。その場合は、自分の所蔵本や友人からこっそり借りた本を「成るべく売れぬよう一番高い棚に並べ」、急場をしのいだ。「お客がそれを手に取る度びに冷や冷やした」が、それでも何とか商売を続けることができた[岩波 1998: 15]。当時、経済学者の福田徳三が岩波書店で古書を選び、購入しようとすると岩波が販売を拒否したことがあったという[安倍 1957: 124]。

彼は聖書の販売にも力を入れた。横浜の聖書会社から直接取り寄せたが、これは一高時代に内村鑑三から受けた影響のためだった。内村が刊行する『聖書之研究』も早くから店頭に並べた。新刊本・雑誌については、岩波自身が売りたいと思うものを仕入れ、販売した。

開店の翌年には、岩波書店に大きなプロジェクトの依頼が舞い込んできた。それは台湾総督府図書館創設のための図書購入だった。総額は一万円で、創業したばかりの古書店にとっては破格の取引だった。

岩波書店の商売は軌道に乗り、顧客からの信頼を集めていった。

夏目漱石『こゝろ』の出版

古書店創業から約四カ月後の一二月一日、岩波は一冊の自費出版を手掛けることになる。岩波書店にとって記念すべき一冊目の出版は、蘆野敬三郎『宇宙之進化』だった。

蘆野は一八六六年生まれの天文学者で、長く海軍大学校教授を務めた。彼は東京帝国大学で天文学を学び、アメリカに留学。そこで出会った天文学者ジョージ・ヘイル(シカゴ大学教授)の原著を基に、『宇宙之進化』を執筆した。この本は、日本における近代天文学の専門書の先駆けとして知られる。

本書が岩波書店から自費出版された経緯は、蘆野の家族関係にあったと考えられる。蘆野は藤村操の叔父にあたり、藤村家とは親戚関係にあった。前年一二月には藤村の妹・恭子と安倍能成が結婚しており、岩波にとって藤村家は身近な関係にあった。安倍と岩波の友人関係は一高時代から継

夏目漱石．漱石山房書斎にて．1914 年 12 月

続していたため、この出版も安倍、もしくは藤村家との関係の中で進められたものと考えられる。のちに蘆野の娘は、岩波の世話によって、哲学者の田辺元《はじめ》と結婚することになる。

ただし、『宇宙之進化』の出版は、岩波の企画ではなかった。彼は依頼を受けて事務的作業を行っただけで、本格的に出版社としてスタートを切ったというわけではなかった。

『宇宙之進化』の出版により、岩波書店は思いがけず出版事業にも手を広げることになった。翌一九一四年五月には内田正『儒家理想学認識論』の自費出版を手掛け、経験を重ねた。岩波は次第に、自らの企画で出版を行いたいという意欲を持った。岩波書店を本格的に出版社として運営したいという思いを抱いた。

その時、目を付けたのが、当時の国民的人気作家・夏目漱石だった。

漱石は岩波が一高・東京帝国大学に通っている頃、両校で教鞭をとっていたが、岩波は聴講したことがなかった。彼は「先生の通るのを見たことはよくあ」ったと言い、当時は「面白半分に教室を覗いて見た程度」だったと回想している[岩波 1942a: 55]。漱石は、一九〇七年に大学を辞職し、朝日新聞社に入社して、職業作家としての道を歩みだしていた。

夏目漱石の家族と弟子たち．前列座っているのが小宮豊隆，後列左から4人目が漱石，右端が安倍能成，円内は左から鈴木三重吉，森田草平．1911年4月

1917年9月に予約募集を発表した『漱石全集』全14巻

岩波は、古書店の創業時に安倍を通じて、漱石を紹介してもらった。岩波は安倍に伴われ漱石山房(早稲田にあった漱石の自宅)を訪問し、「看板を書いてもらひたい」と懇願した。漱石はこれを快諾し、「岩波書店」と大書した。この文字が店の看板となり、関東大震災で焼失するまでの間、店に掲げられていた[安倍 1957: 138]。

岩波は一九一四年四月か

ら朝日新聞に連載されていた『こゝろ』を読んだ。彼は一高以来の友人で、漱石に師事していた野上豊一郎に「夏目さんに会わしてくれ」と頼み、面会時に『こゝろ』の出版を打診したところ、漱石は「さうだな、それはお前にやらう」と言った。野上は「(岩波の)その時の嬉しさうな顔と言つたらなかつた」と回想している[岩波 1942a: 96–97]。

しかし、岩波の手元には十分な資金がなかった。そのため、漱石に対しても自費での出版を要求した。漱石は逆に興味を示し、自らが装幀を手掛けることを条件に合意した。

漱石はデザインに凝り、「支那古代の石鼓文の石摺から取つた装幀を」「襲用することになつた」[安倍 1957: 139]。

『こゝろ』は九月二〇日に刊行されたが、八月末から九月初めにかけて、漱石と岩波が頻繁に連絡を取り、造本の細部を打ち合わせしていた様子が書簡のやりとりによって垣間見える。

この間で、漱石が岩波に宛てた書簡は四通現存する。

[一通目]八月二四日

啓昨日は失礼其節一寸御話申上候見返しの裏へつける判は別紙のやうなものに取極め申候故不取敢入御覧候可然御取計被下候はゞ幸甚　草々[夏目 1957b: 64]

[二通目]八月三一日

拝啓奥づけ両三枚書いて見たうち一番よささうなものを御目にかけ申候此中に著者発行所印刷所の名を朱字で細かく配置する訳に相成候が「猫」の奥づけを覧ると大体の見当相つき申候
猶委細は御面語の上万々［夏目 1957b: 66–67］

［三通目］九月六日
拝啓青肉にて押す検印を書いて見たれどうまく行きませんまづ其うちの出来の好いと思ふのを御覧に入れますもし是が間に合はなければ普通のものを普通の印判屋［に］彫らせたらどうかと思ひます　以上［夏目 1957b: 70］

［四通目］九月七日
拝啓昨夜御送の序文中必要の文句丈加へましたからよろしく願ひます夫から目次の方も同封で御送ですが序を直す以上目次に手をつける必要もあるまいと思ひますから是は其儘御返し致します　当用迄　草々［夏目 1957b: 71］

漱石の妻・鏡子が回想しているように、『こゝろ』は漱石が「表紙も見かえしもみんな自分で指図してやった」ため、漱石から詳細な提案・指示がなされた。岩波は当初、すべて「一番いいものを使ってひどく立派なものを作らう」とした。そのため漱石から「表紙がよければ紙を落すとか、

『明暗』本日発売の日に店頭に勢揃いする岩波（右から4人目）と店員たち．1917年1月26日

用紙がよければ箱張りをもう少し険約するとか、何とかそんな風に工面して、いい具合に本といふものは作るのだ」と注意を受けた［夏目鏡子 1947］。途中、岩波は漱石の肉筆のデザイン画を紛失し、大騒ぎしたりもした。家の机の上に置いてあったものを、娘と近所の子供が「綺麗な色紙があると思つて、切つて分けてしまつた」が、幸い継ぎ合わせると使える状態になり、安堵した。創業以来、岩波は家族と共に、店舗の一角に住んでいたが、この出来事もあって、住居を別にするため、麹町区富士見町に引っ越した［小林 1963: 435–436］。

契約は、最初の費用を漱石が払い、「段々儲かるに連れて、岩波の方でそれを償却して行く」という形を取った。漱石は一九一六年一二月九日に亡くなるが、それ以降は通常の出版契約に改めた

[小林 1963: 435]。漱石の亡くなった夜、岩波は夏目家の便所に落ちた。暗い場に笑いがおきたが、次第に、涙に変っていったという[山崎 1961: 68]。

岩波書店から出た漱石の単行本は『こゝろ』『硝子戸の中』『道草』『明暗』『漱石俳句集』『漱石詩集』の六冊で、中でも遺作となった『明暗』(一九一七年一月)が三万四二四部と、最もよく売れた[山本 2000: 179]。一九一六年に漱石が亡くなると、翌年の一二月に岩波書店から『漱石全集』の出版が始まった。この全集の出版が「取次店および小売店に対して岩波書店の権威を認めさせる有力な武器となった」[小林 1963: 104]。

『こゝろ』の出版は成功した。これによって岩波書店は、本格的に出版業に乗り出すことになる。この年の年末には、安倍能成の編集で魚住影雄『折蘆遺稿』を出版し、翌年二月には阿部次郎『第弐 三太郎の日記』を世に出した。前年、阿部は『三太郎の日記』を刊行し、評判となっていた。岩波はすかさず旧友に依頼し、続編の出版にこぎつけた。

安倍能成と阿部次郎という一高時代からの旧友の協力によって、岩波書店は出版社としての着実な第一歩を踏み出した。

『アララギ』

岩波は店頭での短歌誌『アララギ』の販売に力を入れた。一九一五年三月の『アララギ』八巻三号から発売所になると、以後、歌人たちとの交流を深めた。

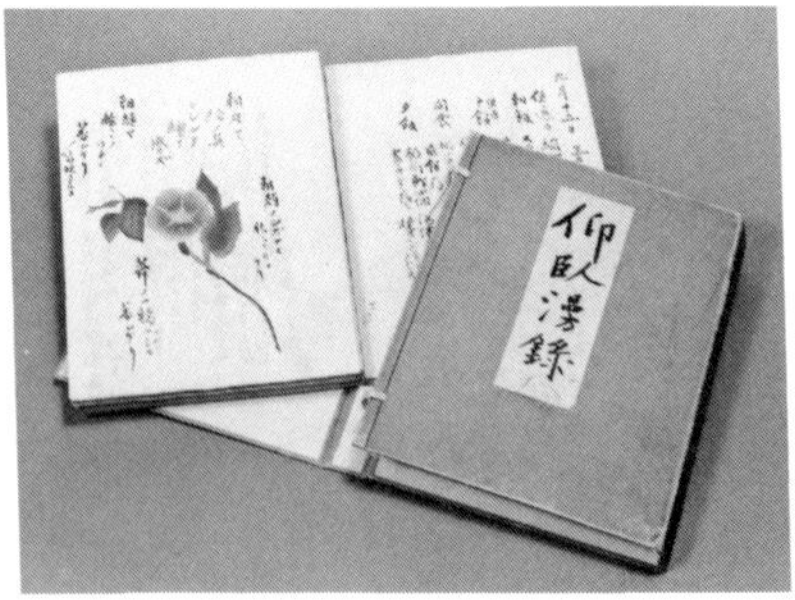

正岡子規『仰臥漫録』コロタイプ版.
1918 年 9 月刊

『アララギ』は正岡子規のもとに結成された根岸短歌会の機関誌で、一九〇三年に伊藤左千夫によって創刊された『馬酔木』を源流とする。一九〇八年一月に財政難によって『馬酔木』が終刊になると、後継雑誌として『アカネ』が創刊された。

伊藤が『アカネ』の編集人に指名したのは、三井甲之だった。三井は子規に憧れ、根岸短歌会に出入りし、次第に伊藤の信頼を得ていった。

しかし、この三井へのバトンタッチが問題を引き起こすことになる。

当初は蜜月状態だった二人は、次第に意見の相違をきたすようになり、対立が表面化した。関係が修復不可能になると、伊藤は一九〇八年一〇月、『阿羅ゝ木』を創刊し、根岸短歌会は事実上、分裂した。三井は一九一二年五月に『アカネ』を『人生と表現』と改称し、自らの思想に基づく文芸・批評雑誌へと衣替えした。この雑誌に集ったメンバーが中心となって、一九二五年一一月に創刊されるのが『原理日本』である。のちに岩波は、この雑誌から激しい攻撃を受けることになる。

一方、伊藤は『阿羅ゝ木』を『アララギ』へと名称変更し再起を図ったが、一九一三年に亡くなってしまう。雑誌の編集は斎藤茂吉が引き継いだもののうまく行かず、島木赤彦が後継の編集・発

斎藤茂吉留学渡欧送別会．前列左から森田恒友，斎藤茂吉，安倍能成，今井邦子，中村憲吉，折口信夫，中列左から東新，小宮豊隆，平福百穂，杉浦翠子，岩波，岡麓，後列左から蕨桐軒，島木赤彦，古泉千樫．1921年10月

行人となった。

赤彦の生まれは、岩波と同じ長野県諏訪だった。彼は高等小学校の教員を務める傍ら、伊藤に師事して短歌を作った。『アララギ』の窮状が進行すると、茂吉は休刊を模索し始めたが、赤彦が猛然と反対した。彼は休刊を翻意させ、自らが上京して編集・発行人となった。

赤彦の本名は久保田俊彦。岩波は赤彦と出会い意気投合し、普段は「久保田さん」と呼んだ。岩波は後年、次のように述べている。

私とアララギとの関係は久保田さんに依つて親密に結ばれたのであるが、それ以前一高時代本郷の盛春堂で「馬酔木」を見たことがある。貧弱第一名前のめづらしい点が注意をひいた。貧弱な雑誌ではあつたが、犯すべからざる一種の風格を具へて居つたことを朧気に記憶する。これ

がアララギの前身であることはずつと後に知つた事である。〔岩波 1933c〕

赤彦が『アララギ』の編集・発行人となったのは一九一五年二月。翌三月から岩波書店が発売所となり、同郷の両者の関係が、根岸短歌会と岩波書店を結びつけることとなった。漱石が伊藤を高く評価していたことも、関係が深まるきっかけとなったのかもしれない。

以後、岩波は『アララギ』人脈を重視した。彼は「アララギ叢書」の出版を引き受け、根岸短歌会を盛り立てた。

岩波は言う。

軽佻浮薄な現代に於てアララギはめづらしい程物堅い存在である。愚直とでもいはるべき程律義な団体である。〔岩波 1933c〕

一九二六年三月二七日、赤彦は諏訪で亡くなるが、岩波は病床を見舞い、危篤を知らせる電報が届いた時も、「間髪を入れず」駆けつけた〔小林 1963: 67〕。一九二九年から三〇年にかけては、岩波書店から『赤彦全集』(全八巻)が刊行される。

岩波は若い頃から短歌への関心があったようで、学生時代には与謝野晶子の『みだれ髪』を愛読した。岩波書店が出版を始めるとすぐに晶子に接触し、原稿の依頼を行った。一九一七年三月には、晶子から岩波に借金を依頼する書簡が送られている［岩波書店編集部 2003: 10–12］。

哲学ブームと「哲学叢書」

一九一五年一〇月、岩波は「哲学叢書」の刊行を開始した。そして、この出版が「哲学書流行時代を作った」のと共に、出版界における岩波書店の地位を確立する機会となった［安倍 1957: 140–141］。

岩波はのちに振り返って、次のように言う。

> 哲学などといふものは流行らない時に、一つの自信を持つてやつた訳だ。今の社会の思想的動揺の烈しいといふのは、結局哲学思想が乏しいからだ、常識に乏しいからだ。哲学的、一般的常識を養ふ、精神科学の基礎的方面に対する知識がないから、それが非常に必要だといふのでやつた訳だ。その当時哲学といふものは非常な特別扱ひをされて居る時に、それが、あれがきつかけで一つのエポックを画した訳だ。一般に哲学などといふものが社会に興味を起したのはあれが初めてですよ。大体商売的の対象になるものではなかつた。その時に社会的に必要があるからといふ訳でやつた訳だ。何も売れるだらうからといふのでやつたのではない、さうしたらそれが売れ出して来た。［岩波 1942a: 115］

当時の日本では、物質文明批判が高まり、原始的生命力や精神世界を賛美する生命主義的潮流が拡大していた。この流れはオイケンとベルグソンに対する注目へとつながり、一種のブームが沸き起こった。オイケンについては、金子筑水、稲毛詛風、桑木厳翼、中島半次郎、安倍能成らが論文・著書を次々に刊行し、ベルグソンについては、明治末の一九一〇年八月に西田幾多郎が「ベルグソンの哲学的方法論」を『芸文』に掲載してから関心が高まった。一九一四年には、一気にベルグソン関係の書籍が出版され、「ベルグソン・ブーム」が到来した。

漱石は一九一四年一一月二五日に行った講演「私の個人主義」の中で、次のように述べている。

> 近頃流行るベルグソンでもオイケンでもみんな向ふの人が兎に角いふので日本人もその尻馬に乗って騒ぐのです。［夏目 1957a: 139］

この一九一〇年代前半に生じたオイケン／ベルグソン・ブームは、一九一五年に過熱化したタゴール・ブームへとつながった。ラビンドラナート・タゴールは一九一三年にアジア人として初めてのノーベル文学賞を受賞した詩人で、当時、日本への訪問が企画されていた。翌一九一六年にタゴールは来日を果たし、熱狂的に迎えられたものの、講演での日本批判が話題になるにつれてブームはバッシングへと転化し、タゴール熱は急速に冷却した。

このような一過性のブームに対して、哲学叢書の刊行は本格的な哲学の提示を意図した画期的なシリーズだった。岩波は言う。

大正四年哲学叢書の刊行によつて、オイケン、ベルグソン、タゴール等の浮薄なる流行の時代に、着実なる哲学の根本知識を提供し、以て知識を愛求する真摯なる心に好き刺激を与へることが出来ました。［岩波 1922］

出版にあたって、岩波は「『哲学叢書』刊行に就いて」を発表しているが、ここでも当時のオイケン、ベルグソン、タゴールのブームについて言及し、軽薄な一過性ブームへの懐疑と本格的な哲学の提示こそが創刊の意図であることを明示している。

オイケン、ベルグソン、タゴール。我が思想界の送迎も亦実に多事を極む。これ等の満行《ママ》は固より喜ぶべく祝すべしと雖も、唯だこれをして我が思想界に質実なる意義あらしめんが為めには、先づこれを受くる地盤を養はざるべからず。近来叢書類出版の盛行はまさに此時代的要求に応ずる挙たるを疑はずといへどもその従来世に出づる者は、不幸にして概ね一夜漬の片々たる小冊子か或は羊頭を掲げて狗肉を売る者、比々としてこれ然らざるはなく、徒らに浮薄なる満行に迎合して、却て根本的理解の道を杜絶するの弊なしとせず。［岩波 1915］

ただこの文章は、岩波名義で出されたものの、安倍が「当時私の書いた発刊趣旨」と述べているため[安倍 1957: 141]、実際は安倍が下書きをし、岩波が手直しをして世に出したものと推察される。

「哲学叢書」は「堅実にして精確なる知識の基礎を供せんと欲」し、執筆者として「新進気鋭の学者」を迎え入れた。岩波が著者として目を付けたのは「最も敏感にして熾烈なる学者的良心を有する士」であり、名前はまだ広く世に知られていないものの「実力は断じて所謂大家に劣るものにあらず」というものだった[岩波 1915]。

岩波は、刊行の辞を次のような文章で締めくくる。

> 世間の学者と出版書肆と相共に虚偽を恥とせざるか中《ママ》に立つて、著者と書肆とに真実の努力になれるこの企画を天下の前に告ぐるは不肖のひそかに光栄とするところなり。世上の君子願はくば不肖が一片の志を諒としてこの微挙を遂げしめよ。[岩波 1915]

「哲学叢書」の創刊は、学生時代に煩悶を繰り返し、帝大で哲学を学んだ岩波ならではのアイディアだった。彼にとって、哲学は生きることそのものと直結していた。哲学の最前線は、人生の問いとつながっていた。そのため、従来の小冊子のような手軽な概説本では、どうしても飽き足りなかった。そのようなものでは、人生の絶望や寂寥への解答にはならなかった。

岩波にとって財産となったのは、一高以来の友人たちだった。彼らは岩波と共に悩み、その後、当時を代表する若手哲学者として頭角を現しつつあった。彼は、阿部次郎、安倍能成、上野直昭に編集を委ね、中堅・若手として活躍する気鋭の哲学者に執筆を依頼した。

哲学といへば、当時は井上哲次郎、中島力造、その方の専門で、少くともその方の序文がなければ本が売れなかつたくらゐの時勢だつた。そこへもつて来て新進気鋭の士が、さういふ風潮に反抗したといふか、一般的に哲学の教養を与へることが必要だと思ふといふ立場から、実力を以て問はうといふことからやつた。これはみな僕らの仲間だ。[岩波 1942a: 110-111]

そして、全一二巻の叢書が、次々に刊行された。

田辺 元

(1) 紀平正美『認識論』(一九一五年一〇月)
(2) 田辺元『最近の自然科学』(一九一五年一一月)
(3) 宮本和吉『哲学概論』(一九一六年二月)
(4) 速水滉《はやみひろし》『論理学』(一九一六年四月)
(5) 安倍能成『西洋古代中世哲学史』(一九一六年六月)
(6) 阿部次郎『倫理学の根本問題』(一九一六年七月)

（7）石原謙『宗教哲学』（一九一六年七月）
（8）上野直昭『精神科学の基本問題』（一九一六年一〇月）
（9）阿部次郎『美学』（一九一七年四月）
（10）安倍能成『西洋近世哲学史』（一九一七年四月）
（11）高橋里美『現代の哲学』（一九一七年八月）
（12）高橋穣《ゆたか》『心理学』（一九一七年七月）

「哲学叢書」は売れた。当初、全一二巻のために用意した紙が、二、三巻目でなくなるという勢いで、後年になっても着実に売れ続けた。なかでも売れたのは速水の『論理学』で、大正末までに七万五〇〇〇部、一九六三年までに一六万六八〇〇部が世に出た。高橋穣の『心理学』も注目を集め、大正末までに四万三〇〇〇部、一九四九年までに一〇万一三〇〇部が売れた[岩波書店 1996: 5]。

当初、岩波は初版を一〇〇〇部に設定していた。すると関係者から「君乱暴するな」と注意された[岩波 1942a: 113]。もちろん、これは哲学書が一〇〇〇部も売れるわけがないという忠告だった。しかし、哲学叢書は予想をはるかに超えて売れ、一躍、哲学書が読書界に普及した。岩波も「哲学などといふものが社会に興味を起したのはあれが初めてですよ」と言い、「大体商売的の対象になるものではなかつた」と回想している[岩波 1942a: 115]。

岩波は友人・阿部次郎の『倫理学の根本問題』に特に感銘を受け、この本の普及を出版人としての責務と感じたという。

私が初期に出版しました哲学叢書の一篇に「倫理学の根本問題」といふのが有ります。これはリップスの学説を阿部次郎氏が祖述《（ママ）》したものであります。今日ではリップスの人格主義はあまり世間に歓迎されてはゐませんが、其の当時吾々としては非常な感激を覚えたのであります。それで私はかゝる本こそ日本国民の総てに読ませたい、かゝる本を普及することこそ私共が出版人として国家に奉仕する所以なり、とまで考へたのであります。［岩波 1943a］

また、注目すべきは、第二巻の執筆者として当時無名の田辺元を抜擢したことである。田辺はこのとき三〇歳で、東北帝国大学理学部講師に就任して間もないころだった。田辺は岩波よりも四歳年少だったが一高同期入学で、岩波と同じく東京帝国大学文科大学哲学科を卒業した。学生時代には深い交流はなかったものの、共通の友人を通じて面識はあった［田辺 1947］。『最近の自然科学』出版以降、両者の関係は深まり、田辺の主要な著書は岩波書店から出版されるようになる。のちに田辺は京都帝国大学で西田幾多郎と共に哲学の教員を務め、近代日本を代表する哲学者として知られるようになるが、岩波はその存在に最も早くから注目し、才能と作品を高く評価していた。田辺にとっても岩波の存在は心の支えとなったようで、晩年、「君（岩波―引用者）との交遊を抜き去つて考へるとしたら、私の一生はどんなに貧寒空疎になるかわからぬのである」と回想している［田辺

1947]。

岩波は、「哲学叢書」の成功の勢いのまま、一九一七年五月、雑誌『思潮』を創刊した。主幹は阿部次郎で、同人に石原謙、和辻哲郎、小宮豊隆、安倍能成が加わった。岩波は後年『思潮』創刊の目的を「ケーベルさんのを出す」ことだったと振り返っているが[岩波 1942a: 141]、阿部が執筆したとされる「発刊の辞」では、世界的視野を持つことの重要性が力強く語られている。

> 優れたる文明を建設し、豊かなる生活を開展せむがためには、その基礎を広く大らかに築かなければならない。そのためには、我等は、祖国のことと共に世界のことに就いて、自家のことと共に他人のことに就いて、博大にして深邃なる興味と同情と理解とを持つてゐなければならない。狭隘なる国粋主義は、徹底せる理解と批評とを欠ける外国模倣と共に、我等の文明と生活とを貧寒にするものである。この二つの誤謬に対抗して、一切の事物に対する豊かなる同情と徹底せる理解とを媒介するところに、我等の第一の使命がある。[小林 1963: 438]

このような壮大な構想を持って発行された雑誌だったが、創刊から二年も経たない一九一九年一月、阿部のヨーロッパ留学により廃刊となった。

しかし、世の中には「哲学の岩波書店」というイメージが共有され、一気に名門出版社の仲間入りをすることとなった。

倉田百三の登場

岩波書店の成功は、煩悶と自己表現に苦闘していた青年たちを鼓舞した。彼らにとって岩波書店は憧れの対象となり、シンパシーが共有された。

一九一六年一二月。

「哲学叢書」が巷で話題になっていたころ、岩波は一通の手紙を受け取った。差出人は倉田百三。当時はまったく無名の青年だった。

倉田は前年の秋、岩波に手紙で西田天香の住所を聞き、電報で回答を貰ったことがあったが、二人の間に直接的な交流はなかった。

倉田は一八九一年生まれで一九一〇年に一高に入学した。岩波の一高退学は一九〇四年なので、時期的な重なりはない。

入学当初の倉田は立身出世の夢を追いかけていたが、次第に利己主義的な自己に煩悶し、独我論からの脱出を模索した。そのとき書店で手に取ったのが西田幾多郎『善の研究』だった。序文には「個人的区別よりも経験が根本的であるという考から独我論を脱することが出来た」とあり、倉田は救われる思いで読了した。彼は「自他合一の心こそ愛である」と考え、知性と情愛が「一の自然現象」として存在していると思うに至った。

しかし、倉田の悩みは続いた。それは信仰と性欲についてだった。彼はどうしても「神の愛」の存在を信じることができず、また性欲を超克することもできなかった。そのような中で、彼は恋愛による自他の合一のあり方を問い、やがて「真の宗教はSexの中に潜んでるのだ」と述べるに至る[倉田 2008: 103]。

彼は一人の女性に恋をし、一つに結ばれるが、ある時、不意に絶縁状が届き、あっけなく破綻する。彼は恋愛の限界を痛感し、キリスト教に接近する。そして、心身を病み、学業を続けることができず、一高を退学して郷里の広島・庄原に帰郷した。

ここでも恋愛と病を繰り返し、その過程で親鸞の思想への関心を深めた。彼は信仰の道へと導いてくれる指導者を探し、一燈園の西田天香の存在を知る。そこで岩波に手紙を出して西田の連絡先を教えてもらい、京都の一燈園を訪問した。約半年間、共同生活を送り、再び広島に帰郷。そこで戯曲『出家とその弟子』を書いた。この作品は親鸞と唯円という師弟を軸に、「祈り」と「赦し」をテーマとする物語で、雑誌『生命の川』の一九一六年一一月号に初回分が掲載された。

彼は一二月二〇日に、岩波へ手紙を送った。

あなたに御依頼の儀があつて此の手紙を書きます。実は私は親鸞聖人を材料にした「出家とその弟子」といふドラマを書いたのです。六幕十三場です。これを本にしたいのですが、原稿を送りますから読んでみて下さつて(忙しいでせうが)若《も》し、それだけの価値ある作だと云ふ気がしたら、出版を引受けて下さることは出来ませんか。(名も知れぬ私の作故《ゆえ》売れまいといふ気

がして、私は頼むのに気がひけてゐます。)[岩波書店編集部 2003: 7–8]

倉田は「仕方がなければ、自費で出したいのです」と言い、「私は金もうけのためではないので、条件はどうでもいゝのです」と訴えた[岩波書店編集部 2003: 8–9]。

手紙を受け取った岩波は、作品を読んだ。そして、その出来に「感心」し、「思切つて出して見る決意を固めた[小林 1963: 440]。ただし、出版費用は倉田の負担となったため、倉田は初版八〇〇部のための費用五〇〇円を捻出すべく奔走した[鈴木 1980: 103]。

そして一九一七年六月、『出家とその弟子』は出版された。岩波は「無名の人を世に送ることは私の義務でもあるやうに感じてゐます。どうかこの本を読んで見て下さい」と各所を回り、『出家とその弟子』を懸命に宣伝した[森園 1947]。

その結果、出版されるや否や話題となり、多くの賛辞が寄せられた。有島武郎は、八木沢善次宛の手紙(一九一八年三月一七日付)の中で「昨日『出家とその弟子』を読んで泣いてしまひました。何といふ勝れた芸術品でせう」と書き、手放しで絶賛した[有島 1984: 558]。

一九二一年三月には倉田が一高時代に書いたものを中心に編集した『愛と認識との出発』を出版し、これも瞬く間にベストセラーとなった[岩波書店 1996: 19]。大正・昭和の煩悶青年にとって、『出家とその弟子』『愛と認識との出発』は阿部次郎の『三太郎の日記』とともに必読の書となり、バイブル的存在として読み継がれた。

この年には再び『出家とその弟子』の売れ行きに火が付き、「卸部には、毎日のように五百部ずつ製本所から運びこまれ取次店が待ち構えていて持って行った」[小林 1963: 23]。

倉田の作品は、他に『歌はぬ人』(一九二〇年)、『父の心配』(一九二二年)、『標立つ道』(一九二五年)、『一夫一婦か自由恋愛か』(一九二六年)、『赤い霊魂』(一九二六年)、『布施太子の入山』(一九二七年)が岩波書店から出版された。『赤い霊魂』は暴力を肯定しているという理由で発売禁止となった。これは岩波書店が受けた最初の発禁処分だった[岩波書店 1996: 39]。

西田幾多郎、田辺元、和辻哲郎

創業五年目の一九一七年は、岩波書店にとって大きな飛躍の年となった。六月に『出家とその弟子』が刊行されベストセラーとなり、八月には全一二巻の「哲学叢書」が完結した。そして、一〇月に西田幾多郎の『自覚に於ける直観と反省』が出版された。

西田は一九一〇年から京都帝国大学文科大学で教鞭をとり、翌一九一一年には『善の研究』を弘道館から出版した。若き日の不遇の時代が長かった西田は、京都帝国大学に赴任した時には、既に四〇歳になっていた。一九一七年には四七歳だったが、西田哲学にとってはまだ前期の段階にあった。

岩波は、西田を当代随一の哲学者と見なして、著作の出版を進めた。『自覚に於ける直観と反省』の広告には、次のような文章が掲げられた。

現今哲学の重要なる諸問題は価値と存在、意味と事実との関係若しくは結合の説明に還元することが出来るであらう。此書は西洋哲学輸入後恐らく第一の独創的組織者として許さるべき著者が多年心血を灌いで其独特なる自覚的体系の見地より此中心問題に深遠にして精緻なる解決を与へたるその哲学的努力の結晶である。其の思索の強さに於いて其の体験の深さに於いて当代未だ著者の此哲学体系の右に出づるものはない。哲学的思索の本質は単に概念の論理的修整に於いてのみではなく吾等の人格の深き本質形成の必然的過程に於いて存せねばならぬことは此書によつて最も力強く証明せられるであらう。[岩波 1917]

この文章も、おそらくは安倍をはじめとしたブレーンの一人が執筆し、最終的に岩波が加筆する形で出されたと推察される。ただ、岩波が西田を日本における哲学者の筆頭と捉え、その独創性と思索の強さ、体験の深さにおいて右に出る者はいないと考えていたことは間違いない。

以後、西田の著作のおおよそは岩波書店から出版されることになる。安倍によると「岩波は西田が哲学者としてすぐれて居たばかりでなく、人格が高潔であり、常に国事に深い関心を持ったことに、敬意を表して居た」という[安倍 1957: 452]。

一九一九年五月には、千章館から一九一五年に出版されていた『思索と体験』が岩波書店から出版され、一九二一年三月には『善の研究』も岩波書店に版元を変えた。同年には倉田百三の『愛と認識との出発』が出版され、その重要な個所で『善の研究』への言及があったことから「《善の研究》の売れゆきも急激にふえた」[岩波書店 1996: 19]。

一九一八年九月には田辺元の『科学概論』が出版された。西田は早くから田辺に注目し、一九一三年四月には面識を得ていた。その後、頻繁に書簡のやり取りをし、率直な批評を交わしていた。

西田幾多郎

次第に、西田は田辺を京都帝国大学に呼び寄せる構想を具体化していく。そして、『科学概論』の評価が決定的となり、一九一九年五月一四日の教授会で田辺を助教授として迎えることが決定した。西田・田辺を中核とする京都学派の形成には、岩波書店の出版事業が大きな役割を果たした。

一九一九年五月には、和辻哲郎『古寺巡礼』が出版された。和辻は一八八九年生まれで、一九〇六年に一高に入学した。彼は『校友会雑誌』に盛んに投稿し、一学年上の谷崎潤一郎らと交流を持った。東京帝国大学に入学すると第二次『新思潮』に加わり、文芸活動を展開したが、次第に学者としての道を歩み始める。その過程で、兄のように慕った先輩が、阿部次郎だった。二人は私生活でも多くの時間を共にし、意気投合した。

岩波と和辻の関係は、阿部が繋いだと考えられる。前述のように和辻は雑誌『新思潮』の同人で、阿部と共に雑誌を支えた。一九一八年には「古寺巡礼」を連載し、好評を博した。翌年、単行本化された『古寺巡礼』はベストセラーとなり、岩波書店における和辻の存在感は高まった。

一九二一年一〇月に雑誌『思想』が創刊されると、和辻は編集を任された。そんな彼も、一九二五年に西田からの誘いに応じて京都帝国大学に赴任した。岩波書店を通じた人脈が、着実に京都学派の哲学グループを形成していった。

大正デモクラシーとの呼応

一九一八年に第一次世界大戦が終わると、急速に不況の時代がやってきた。各地で労働争議が起こり、大正デモクラシーの機運が高まった。すると、岩波は佐々木惣一『普通選挙』(一九二〇年四月)や河合栄治郎『労働問題研究』(一九二〇年四月)、小泉信三『社会問題研究』(一九二〇年六月)、ポール・ピック『労働争議』(杉村陽太郎訳、一九二〇年七月)を矢継ぎ早に出版し、世の中の要請に応じた。

佐々木の『普通選挙』の出版は、岩波が著者の講演を聞いたことがきっかけだった。岩波は佐々木の普通選挙推進の主張に感激し、著者を訪問して講演のパンフレット化を懇請した。佐々木はこれに応じ、出版が実現。店頭には幅一メートル、高さ一〇メートルにも及ぶ大看板が設置された。これは「おそらく書物の看板としてはそれまでに例のない大きさ」で[岩波書店 1996: 15]、岩波のこの本に懸けた意気込みが垣間見える。

この頃から岩波は政治に関心を持ち、大正デモクラシーの潮流を応援した。一九二一年六月にはロシアの社会主義者・プレハーノフの『マルクス主義の根本問題』(恒藤恭訳)を出版し、マルクス主義への関心も示した。彼は当時の政治状況に憤り、政治権力への反発を示すようになった。

岩波は、リベラルな観点から政治に着目した。岩波書店は一九二〇年代になると教養主義に基づくリベラルな出版社としての地位を獲得していく。

一九二一年には、凄惨なテロ事件が相次いだ。九月二八日には、朝日平吾が安田財閥の安田善次郎を刺殺した。さらに、この事件に連鎖する形で、一一月四日に中岡艮一が原敬首相を暗殺した。世の中は不穏な空気に包まれ始めた。

一九二〇年に入店し、戦後に岩波書店の支配人、代表取締役、会長を歴任した小林勇は、原暗殺事件の直後、岩波と銭湯で一緒になった。岩波は、帰り道に小林を神保町の洋食屋に誘った。食事の席で、岩波は「中岡が原敬を刺したのは偉い」と言い、原の政治を厳しく批判した。そして「君はいくつだ」と聞き、小林が「十九だ」と答えると、「それでは中岡と同じ年ではないか、君には到底こんなえらいことはできないだろう」と言った。小林が「私はたとえ世の中のためになると思っても、人は殺さない、一人の人を殺して自分の命を捨てるような馬鹿なことはしない」と反論すると、岩波は「面白そうに笑った」という[小林 1963: 29–30]。

のちに超国家主義テロの源流として位置付けられる朝日・中岡の事件は、当時、革新運動の一環として捉えられていた。実際、朝日はいくつかの労働運動に参加し、普通選挙実現を要求していた。

また、下層労働者の宿泊施設の建設を企画し、財閥からの支援を要請したりもしていた。岩波にとって、財閥や首相を殺害した一連のテロ事件は、ネイション(国民)の苦境を代弁する革新的行動と捉えられ、「えらいこと」と認識されていた。

関東大震災

一九二三年九月一日、関東大震災が起こった。発生は正午前。岩波は店内で揺れに襲われた。岩波がいたのは、この年に買い取った別館だった。この建物は店舗の裏にあり、以前、ブレナンという西洋人が住んでいた住居だった。岩波は揺れの中、「ぼろ家だから潰れるだらうと思つた」。そのときは「どつか身を躲はす所」があるだろうと考え、「天井を睨んでをつた」。しかし、建物は崩れなかった[岩波 1942a: 146]。

岩波はあわてて外に飛び出した。すると、周りの建物が軒並み倒れていて、近くで火の手が上がった。店員は重要書類や原稿、帳簿などを抱えて避難した。店員はすべて無事だったが、店舗・工場・倉庫はことごとく焼失した。印刷所も多くが被災したため、紙型の多くも失われた。

岩波は言う。

> 九段の上で、焼跡をみて、兎に角この残つた命を、感謝の気持で、復興の為に捧げなければならんといふことをつくぐ強く感じた。[岩波 1942a: 145]

震災直後、安倍は岩波と会った。その時、岩波は家族・店員が無事だったことに感激し、「再起の元気に燃え立つて居た」という。安倍はこのとき、「岩波の生活にはたしかにかういふ強い刺激が必要であり、こんな場合彼は最も生きがひを感ずるといふことを痛感した」[安倍 1957: 158]。

右から一人おいて岩波，幸田露伴，小林勇，岩波の次女・小百合．十和田湖畔で．1933 年 6 月

関東大震災で店舗・倉庫などを焼失したが，神保町古本街のトップを切って営業開始

岩波は『思想』一一月号に、次のような「謹告」を掲載した。

今度の震災につきては一方ならぬご配慮を忝うし難有奉謝候
店舗倉庫工場等悉く焼失仕り候へ共幸に一同危機を脱して一人の微傷者をも出さず又震災の一層激甚なる鎌倉にありし家族も皆無事なりしは不思議にも難有き仕合に有之候、此際与へられたる試錬を感謝して残存の生を光輝ある帝都建設の大業に捧げ飽くまで堅実なる態度を以て裸一貫創業十年の昔に立帰り新文化建設の為め勇往邁進一市民として渾身の努力を傾倒いたしたく存居り候間今後益御援助を奉願候［岩波 1923］

岩波はいち早く焼け跡にバラックを建て、仕事を再開した。彼は唯一焼け残った自転車をこぎ、朝から夜まで著者のもとを廻って新たな出版を企画した。一二月には全五冊の「復興叢書」の刊行を開始し、体制を立て直した。

世の中は、書物に飢えていた。岩波は逆境を追い風に変え、一気に出版点数を増やした。店員も震災後に増加し、事業を拡大させた。

岩波は、震災後の朝鮮人に対する暴虐を厳しく批判した。彼は「朝鮮人が暴徒化し、井戸に毒を入れ、放火して回っている」という流言を断固として否定し、朴烈の逮捕についても深く憂慮した［亀井 1947］。また、朝鮮人への暴行騒ぎを心配し、「人々の行動を憤慨した」［小林 1963: 46］。のちにこのときのことを振り返って、「あんな馬鹿なことはないね」と述べている[岩波 1942a: 151]。

三木清への期待

関東大震災の前年の五月に、一人の青年がドイツ留学に旅立った。三木清。京都大学始まって以来の「空前の秀才」と言われ、西田幾多郎から大きな影響を受けた。

西田の同僚で宗教学を担当した波多野精一は、若き三木を岩波に紹介した。岩波は三木に期待をかけ、留学費用を援助した。三木は、恩人である岩波に、ドイツから頻繁に現状報告の手紙を送った。

三木はハイデルベルクに落ち着き、リッケルトに師事した。岩波は三木からヨーロッパにおける最前線の哲学状況について、情報を得たいと考えた。そして、重要な論文があれば三木の翻訳で雑誌『思想』に掲載したいという意向を伝えた。三木はエルンスト・ホフマンの「プラトンの教説に於ける善のはたらき」を翻訳し、岩波に送った。ホフマンは当時、経済的に困窮しており、三木は原稿料によって支援しようと考えた。この論考は『思想』一九二三年一二月号に掲載されている。

また、この号には、三木の「ボルツアーノの『命題自体』」という論考が掲載されている。これはハイデルベルク大学のオルゲン・ヘリゲルのゼミで発表したものが土台となっている。

三木は一九二三年一〇月、「ハルトマンの Hegel とハイデッガーの Aristoteles とを期待して」マールブルク大学に移った[岩波書店編集部 2003: 252]。しかし、三木にとってハルトマンの講義は期待外れのものだった。

彼は岩波に次のような報告を行っている。

私はハルトマン教授にすつかり失望しました。彼は非常に theatralisch〔芝居がかった〕な態度で講義をします。問題の扱ひ方は如何《いか》にも手際《てぎわ》がよろしいが、考へ方が非常に bequem〔快適・安易〕で　あまりに billig〔安っぽい〕です。ヘーゲルのゼミナールなど少し気の毒です。論理学に出て来る色々な概念をあちらへ動かしたり、こちらへ動かしたり、空虚な概念で将棋遊びをしてゐるのに過ぎません。人気もあり、己惚《うぬぼれ》もある人ですが、私はそれほど偉くなる人であるとは信じることが出来ません。日本の雑誌にもこの頃はハルトマンの名が出て来るやうですが、私は騒ぎたてるほどの人だとは思ひません。〔岩波書店編集部 2003: 257〕

三木清．42 歳の頃

一方、助教授として赴任したばかりのハイデッガーについては高く評価し、指導を受けることにした。三木は次のように報告している。

ハイデッカー教授は年も三十三で非常に元気です。フッサールのフェノメノロギーに残つてゐる Naturalismus

〔自然主義〕の傾向を脱して精神生活のフェノメノロギーをたてやうと云ふ氏の努力を私は面白く思ひます。アリストテレスのゼミナールも大変 eigenartig〔独特〕でありまして、学ぶところが少くありません。〔岩波書店編集部 2003: 257〕

岩波は関東大震災後の厳しい時期も、引き続き三木の留学費用を負担し続けた。三木は、一九二三年一二月一八日付の手紙の中で感謝の意を述べている。

私の留学費は震災後も引続いてお送り下さいます思召《おぼしめし》、感謝に堪へません。私は自分の感謝の心持をどう申上げてい丶のか分かりません。唯《ただ》一生懸命に勉強するの〔み〕です。〔岩波書店編集部 2003: 261〕

岩波は震災後、世界的な哲学者の評伝をシリーズ化する「哲人叢書」の刊行を企画した。そして、三木に対して『アリストテレス』の書き下ろしを依頼した。三木は、「若し京都の先生方が賛成でありましたら、お引受けしたいと思ひます」と答え、「アリストテレスに就きましては多少自信をもつて、新しい解釈が出来ると私は信じてゐます」と返している〔岩波書店編集部 2003: 269〕。しかし、この企画は思うように進まず、『アリストテレス』は刊行されなかった。

その後、三木は一九二四年八月にパリへ移り、研究をつづけた。パリでは渡欧中の安倍と合流し、交流を深めた。岩波には一九二四年一〇月二九日付の手紙で「安倍能成氏が来られましてから、話相手が出来まして喜んでゐます」と報告している[岩波書店編集部 2003: 276]。

パリでは、パスカル研究を進め、積極的に論文を書いた。これは次々に日本に送られ、逐次『思想』に掲載された。一九二五年一〇月、三年間の留学を終えて帰国したのち、この論文をまとめ出版したのがデビュー作『パスカルに於ける人間の研究』(一九二六年六月)である。三木の学者人生のスタートは、岩波の支援と共にあった。

帰国後の三木は、第三高等学校の教授に就任。一九二七年四月、法政大学教授となって上京し、岩波書店の事業全般と密接なかかわりを持つようになった。

三木は、岩波書店に「清新な空気をもたらした」。彼は週に一度程度、岩波書店を訪れ、「いろいろの相談相手になった」[小林 1963: 80]。

小林勇は、次のように回想している。

> 三木は計画を樹てることのうまい人であった。また新刊書の広告文も書いてくれた。それは独特な、簡潔な広告文となった。誇張した文句をならべずに実質的にその本を紹介して、読者に訴えることに成功したのだ。[小林 1963: 80]

岩波は三木に対して最大限の期待をかけ、全幅の信頼を置いた。岩波書店は創業から一〇年を過ぎ、新しい世代の執筆者とアドバイザーを必要としていた。三木はまさにうってつけの存在だった。

三木は、岩波に対して「哲学叢書」のリニューアルを提案した。岩波書店の飛躍を支えた「哲学叢書」だったが、発売からすでに一〇年が経ち、「叢書の多くが翻案に近いから、ここらで新しい哲学叢書を出した方がいいと考えた」[小林 1963: 80]。

岩波は、三木の提案に賛成した。そして、安倍・阿部・田辺ら「哲学叢書」執筆陣に相談した。しかし、「これらの人々は三木清の主張を一せいに反撃した」[小林 1963: 80]。結果、計画は大きく変更され、最終的に一九二九年になって「続哲学叢書」の刊行が開始された。ただし、進行は滞りがちで、約四年間で五冊を出版するにとどまり、企画は中断した。

三木は新たな企画を練った。それは「岩波講座」の出版だった。講座は「多数の執筆者の協力を組織して体系的に問題を整理し、分冊出版するという形式」で、「この講座によって定式化された」[岩波書店 1996: 49]。

第一次の岩波講座は「世界思潮」として編集されることになった。編集者は三木のほか、羽仁五郎と林達夫が加わり、約一〇〇人の執筆者に依頼することに決した。三木と小林は京都へ乗り込み、直接、執筆者に依頼して回った。また、東北帝国大学のある仙台には、三木と岩波が揃って依頼に出向いた。三木という新風によって、岩波書店は活性化し、「店全体が生き生きとして、はちきれるような勢であった」という[小林 1963: 98]。

一九二七年一二月から翌年一月にかけて、岩波は三木と共に朝鮮・満州・中国北部を旅している。

両者の関係はより密接なものとなり、三木は岩波書店の要となって活躍した。当時は、阿部が東北帝国大学で教鞭をとり、安倍も京城帝国大学に赴任した。そのため東京には岩波のよきアドバイザーとなる学者がおらず、次第に三木との関係が強くなった。

安倍は三木とパリで親しく交わったものの、「その才気の奔放と欠点の多い性格」を嫌い、「同情者」となることはなかった。安倍の三木評価は低く、岩波は三木を「利用した」と指摘する。三木が岩波書店の中心的な助言者となったことに、安倍は不満を抱いた[安倍 1957: 167]。

「岩波文庫」創刊

一九二六年、改造社が『現代日本文学全集』を刊行した。これは明治以降の文学作品を作家別に編纂したもので、大量生産による低価格販売を実現した。一冊一円で売られたことから「円本」といわれたシリーズは、出版市場を席巻した。

不況下における「円本」の成功に、各社は追随した。新潮社、講談社、第一書房、平凡社、春秋社などが文学全集を「円本」として出版し、書籍の大量生産が一般化した。

岩波は苛立った。印刷も製本も粗雑な書物が出回ることに否定的な感情が湧いたものの、他社の成功を黙って見ているわけにはいかなかった。「負け嫌い」の岩波にとって、「何もせずにいることは」「堪え難いことであった」[小林 1963: 79]。

岩波は次のように回顧している。

「岩波文庫」創刊の新聞広告は，東京日日，朝日，報知から「台湾」「満洲」にいたる，すべての地方紙に掲載された．1927 年 7 月 10 日

> 僕はあの時の円本時代の乱調子を見ては、これは困ると思つたのは、あれは要するに本を安く提供するといふことを狙つたのでせう。一円で以て二段にして小さい活字を組むから、前の単行本で出した五円の本を一円の中に入れるといふやうなことになるのでせう。それだからみな安いといふ訳で飛び付いて来た。(中略)改造社などは単なる便宜主義なのだ。必要なものも入つて居ない。［岩波 1942a: 120–121］

岩波は考えた。「円本」のような粗製乱造の出版には手を出したくなかった。しかし、本の低価格化は、時代の流れとして避けがたい。

そこで思い付いたのが、学生時代によく手に取ったドイツのレクラム文庫だった。この文庫は一八六七年創刊されたもので、ライプチヒのレクラム出版社(一八二八年創業)の看板シリーズだった。ドイツの古典的文学や思想書を中心に、世界の名著を集めたレクラム文庫は、岩波にとって憧れの

知の宝庫だった。岩波は「日本版レクラム」を企画し、古今東西の古典を収録する「文庫本」の刊行を考えた。

ここに日本で初めての文庫本「岩波文庫」が誕生することになる。

岩波は三木に相談した。すると、三木は大いに賛成し、企画の進行を促した。岩波は、仙台に出掛け、阿部をはじめとする旧知の学者に相談を持ちかけた。しかし、彼らは概して文庫の刊行に否定的だった。彼らは文庫の企画に体系性がなく、安価による著者印税の減少に危惧の念を示した。しかし、岩波はあきらめなかった。特に店員の小林勇や長田幹雄らが熱心に企画を進めたため、後に引くことができなかった。結果、一九二七年七月、岩波書店は「岩波文庫」を創刊した。

「岩波文庫発刊に際して」と題した文章が『思想』七月号に発表されたが、これは三木が草稿を書き、岩波が加筆をして完成させた。

現在も「読書子に寄す」として岩波文庫に掲載されている文章の冒頭で、岩波は次のように述べる。

真理は万人によつて求められることを自ら欲し、芸術は万人によつて愛されることを自ら望む。嘗ては民を愚昧ならしめるために学芸が最も狭き堂宇に閉鎖されたことがあつた。今や知識と美とを特権階級の独占より奪ひ返すことはつねに進取的なる民衆の切実なる要求である。岩波文庫はこの要求に応じそれに励まされて生れた。それは生命ある不朽の書を少数者の書斎

と研究者とより解放して街頭に隅なく立たしめ民衆に伍せしめるであらう。[岩波 1927a]

岩波は古典の普及を「岩波文庫」の目的とした。彼は世界における第一級の知を社会一般に開こうと考えた。文庫の出版は知の民主化に他ならなかった。そのため、文庫に編入する作品は、吟味厳選した。校閲や翻訳なども、高いレベルで行うことを前提とした。「単行本には引受けられても文庫には引受けぬと云って拒絶するほど文庫を尊重愛護」した[岩波 1998: 106]。

岩波は言う。

僕の方は売れないものでも質の標準を出来るだけ高くして、単に売れるといふだけではなく、古典的価値といふものを飽迄高く維持しよう。その為には売れないものでも入れよう。普及性のないものでも入れよう。(中略)内容的にがつちりしたもので、古典的永久的価値の水準を益々高めよう。特別に普及性がなくても、非常に参考になるもの、学問の為に参考になるものといふやうなものを入れることにしよう。さういふ政策を執つた。[岩波 1942a: 127]

「岩波文庫」が発売されると、読者から熱狂的な支持を受け、成功を収めた。岩波は喜んだ。読者から次々に感謝状が届き、店内は沸いた。中には「私の教養の一切を岩波文庫に托する」という手紙もあった[岩波 1998: 105]。岩波は岩波書店を創業して「よいことをしたと初めて感じた」[岩波 1942a: 124]。「岩波書店の真価がここに発揮されたものとして、円本の騒動に愛想をつかしていた心ある読書家から一層信頼されるようになった」[小林 1963: 88]。

芥川龍之介の死と全集

岩波文庫創刊から二週間後の七月二四日、芥川龍之介が自殺した。岩波は特に芥川と親しい関係ではなかったため、小林を弔問に行かせ、自分は予定していた登山に出掛けた。

小林が田端の芥川邸に行くと、「岩波さんにはお願いしたい重大なことがありますので、いずれ落着きましてから万事申しあげたいと思います」と挨拶を受けた[小林 1963: 89]。

登山から帰った岩波が芥川邸に行くと、そこで芥川の遺書の内容を伝えられた。そこには「僕の作品の出版権は(若し出版するものありとせんか)岩波茂雄氏に譲与すべし。(僕の新潮社に対する契約は破棄す。)僕は夏目先生を愛するが故に先生と出版書肆を同じうすることを希望す」とあり、その場で芥川全集の刊行を引き受けることになった。

しかし、新潮社は遺書を無視して、全三巻の『芥川龍之介集』を刊行した。岩波は激怒し、「売れるか売れないかわからない大きな全集を引き受けたのに、一方では売れそうなものだけを抜き出して選集を作る」ことに憤った[小林 1963: 93]。

岩波は芥川の遺書と共に、「芥川龍之介全集刊行の経緯に就て」と題した文章を付けて、「内容見本」を作成した。そこで岩波は次のように述べている。

故人の知遇に感激しその附託に背かざらんが為め微力を顧みず全集刊行の事業を虔んでお受け致しました。
全集に就いては故人は生前より特別なる関心を持ち体裁装幀に至る迄指図されし程ですから私もあくまで其遺志を尊重し誠意を尽して故人の業績を後代に伝ふるに足る定本を作るに些の遺憾なからんことと期してをります。
(中略)薄弱なる動機と慎重を欠く態度とによる廉価版横行の際かゝる全集の刊行は困難が尠くないのでありますが真に芸術を愛する江湖諸君子の諒解と援助とを待つて此事業の達成を故人の霊に告げたいと思ひます。[岩波 1927b]

同年一一月、早くも『芥川龍之介全集』の刊行が始まった。全八巻で、一九二九年二月に完結した。

河上肇と『資本論』

一九二七年一〇月、岩波はマルクスの『資本論』の刊行を、岩波文庫で開始した。訳者は河上肇と宮川実による緊急出版だった。

岩波は「岩波文庫」を企画した当初から、『資本論』を入れたいと念願していた。特に三木が強く主張し、岩波も同調した。

当時、『資本論』の完訳は、高畠素之《たかばたけもとゆき》のものが唯一だった。高畠が『資本論』の翻訳を出版し始めたのは一九二〇年だった。この頃、『資本論』翻訳をめぐって激しい競争があった。松浦要と生田長江の『資本論』翻訳が出版されると、高畠は訳文の不正確さを糾弾し、完訳の出版を断念させた。高畠は着実に翻訳を進め、一九二四年に日本で初めて全訳を完成させた。しかし、この大鐙閣と而立社から出版された『資本論』は日本語がこなれておらず、読みづらさが欠点として指摘された。そのため、高畠は改訳に着手し、一九二五年一〇月から翌年一〇月にかけて新潮社から『資本論』全四冊を出し直した。

岩波は、この新潮社版『資本論』を岩波文庫に入れようと、高畠に接近した。交渉は小林が担当した。彼は一九二七年五月二三日に高畠邸を訪問し、依頼を行った。高畠は「考えておこう」と返事をしたが、しばらくすると普及版を改造社から出版することになっていると打ち明け、岩波文庫入りを断った。

この返事を受けて、岩波は三木に相談した。すると三木は河上肇の名前を挙げ、自ら京都に乗り込んで、新訳を依頼する提案を行った。岩波はこれに同意し、さっそく三木が河上に面会した。

河上は熟慮の結果、この依頼を承諾した。彼は八月二七日に岩波に宛てた書簡で「私自身の学的生活からいふと、此際資本論の訳にあまり時間をとられる事は断じて得策でありません」としながらも「全体の利益から考へて此際犠牲を忍ぶ決意をしました」とし、『資本論』翻訳への意気込みを語った。ただし、雑誌刊行の仕事があるため時間は限定されており、「仕事がおそくなることにしびれをおきらしにならぬやう、あらかじめお願いしておきます」と断った[河上 1984: 81]。そして、高畠の改造社版が出版される前に刊行を始めるべく、突貫での翻訳作業がスタートした。河上は和歌山高商教授の宮川実と協力し、出来上がった原稿を連日「三枚、五枚と速達で」東京に送った[小林 1963: 92]。東京では、届いた原稿を印刷所に回し、密かに作業が進められた。

岩波は、情報が外部に漏れないよう秘密裏に進める指示を出した。岩波にとって、『資本論』出版は「円本」で先を越された改造社との戦いだった。そのため、印刷所から出版情報が漏れないよう、別の書名をつけて進められた。

ただし、河上はこれに賛同しなかった。彼は九月一四日の書簡で「吾の計画を秘密にしておく必要はなく、むしろダマシウチにするのはどうも心持が悪く思ひます」とし、「あのお考を此際棄てゝ頂きたく存じます」と迫った[河上 1984: 87]。

すると九月二三日、七月に創刊した岩波文庫の目玉として、『資本論』の出版が広告され、「刊行の辞」が発表された。この文章も三木が原案を作成し、岩波が上書きしたものだった。

マルクスの名は全世界に横行する怪物の名である。或る者は彼を悪魔の如く呪ひ、他の者は彼は神の如くに慕ふ。然しながら彼は奇蹟を告ぐる者でもなければ、魔術を行ふ者でもない。かの不思議なる力の源泉である資本論は、何人もが自己の知識と論理とをもつて理解し、検証し、批判し得るところの純然たる学術書である。我々はそこに驚くべく厳密なる科学的分析と恐るべく執拗なる論理的組織との類稀なる努力を見出す。学問が世の人を困惑せしめ動揺せしむることの甚しきコペルニクス以来斯くの如きはないであらう。

資本論は時代を作り、歴史を作る書である。この書の日本訳の出現は我が国現下の状態にとつて特に切実なる意義を有するものでなければならぬ。訳は他の何人も追蹤し得ざる最適任者たる河上博士と宮川学士との協力になる。我が岩波文庫版は次後長き将来に亘って完本となるであらう。今や資本論は厳正明快なる良訳を得て万人に近づき得るものとなつた。この事が既に世界史的事件である。吾人は久しきに亘る熱切なる企図のこゝに実現されて此訳書を現代の日本に提供する事に最大の欣びを感ずる。［岩波 1927c］

『資本論』は全三四冊刊行の予定でスタートした。のちに翻訳の勢いは徐々に失速し、刊行が停滞することになる。

しかし、当初の河上は気力が充実しており、一二月一七日付で岩波に対して次のような手紙を送っている。

私は大兄が一個の出版業者として、その――御自身の思想的立場の如何に拘《かかわ》らず、吾々のために現に有力なる援助を吝《おし》まれぬことを感謝すると共に、今後もまた、吾々の良心――吾々が人類の将来を憂うる赤誠――にして大兄の認識するところとなる限り、依然として可能な範囲における援助を賜らんことを、切に希望せざるを得ません。

(中略)マルキシズムに関する古典――当分古典的なものに限ります――を文庫に入れて頂くことは、吾々自身の事業と一致することであるから、吾々は決して労を煩ひません。可能なる限度における、現在の階級における、最善の訳本を提供するつもりでゐます。時期も可成《かなり》いそぎます。[岩波書店編集部 2003: 60–61]

当時の河上は、官憲から目をつけられ、再三の演説会中止処分などを受けていた。また、この書簡では京都大学の正門を出たところで大山郁夫・恒藤恭と共に暴漢に襲われ、暴行を加えられたことを記している。

そのような中、岩波書店の献身的なサポートは、河上にとって非常に心強いものだった。こうして岩波書店と河上のつかの間の蜜月が誕生する。

『聯盟版マルクス・エンゲルス全集』刊行の失敗、河上肇との決別

一方、マルクスの翻訳書の出版をめぐっては、大きな問題が生じることになった。一九二八年、ライバルの改造社がマルクス・エンゲルス全集の刊行計画を発表すると、左翼の小出版社(同人社、希望閣)が手を結び、別編集のマルクス・エンゲルス全集の出版を企画した。しかし、両社には資

金力がなく他社の協力を仰いだ。すると河上肇と関係の深い弘文堂が加わり、岩波にも参加が要請された。

岩波はこれに応え、叢文閣を加えた五社で聯盟を組み、『聯盟版マルクス・エンゲルス全集』を刊行することを決定した。これは全二〇巻の予定で、毎月一冊、一円で刊行する計画が立てられた。編集・翻訳には当時のそうそうたるマルクス主義学者が名を連ね、総動員体制での刊行が進められた。

第一巻は六月に出版することが決まり、五月からは予約募集が始まったが、原稿はなかなか完成しなかった。翻訳を担当する委員の数が多く、ゲラが出ると一二人もの委員が目を通し、赤字を入れる作業を行ったため、その調整と訳文の統一に膨大な時間を要することとなった。しかも、一二人のゲラはなかなかそろわない。期日を過ぎても、作業は一向に進まなかった。

結局、出版時期は遅延し、多くの予約者との約束を反故にする結果となった。この企画の失敗を痛感した岩波は、早くも七月三一日に、五社聯盟からの脱退を決定した。

岩波は言う。

編輯者翻訳者諸氏の熱心なる努力にも拘らず、所定の日限に原稿が完成しないばかりでなく、殆んど過敏とも云ふべき諸氏の学問的良心は、訂正に訂正をなし、推敲に推敲を重ねて、全く定期出版事業の根本的条件を忘れさせたかと思はしむるものがありました。私は学者の学問的良心の鋭敏なることに対しては固より満腔の尊敬を惜まないが故に、その努力に酬ゆるに出来るだけの力を尽し、事業の逐行の為に能ふ限りの忍耐を続けて来た積りであります。併し競争出版の性質上配本の遅延は一日といへども忍び難い折柄、他社が既に第二回目の配本を成すに我聯盟版は公約したる六月は勿論七月に至つても第一回の配本が出来ざるのみか八月中にもなほ配本の見込をたてることが出来ない有様でした。〔岩波 1928a〕

岩波はこの事業の失敗で、多額の借金を背負うことになった。彼は印刷所に支払う代金のほか、様々な諸経費を負担した。最終的に聯盟版は一冊も刊行されることなく、聯盟は解散を余儀なくされた。

その後、岩波文庫『資本論』の出版は続いたが、印税をめぐる両者の認識の相違などが重なり、翻訳のペースが滞るようになった。そして第一巻・第五分冊が出版された一九二九年六月を境に、河上の翻訳作業が止まってしまった。残り二九冊の出版の目途はつかず、無為に月日が過ぎることとなった。さらに河上は改造社と手を結び、岩波文庫版の『資本論』を、改造社版『マルクス・エンゲルス全集』に収録することに合意した。

岩波にとって河上の行為は裏切り以外の何物でもなかった。彼は激怒し、河上が翻訳に携わった『資本論』『賃労働と資本』『労賃・価格および利潤』など、すべてを絶版・破棄とする決定を行った。

岩波は「岩波文庫『資本論』の読者に告ぐ」という声明を発表し、河上を厳しく突き放した。

訳者河上氏の態度所見が余の操守と全く相容れざるものあり、一致協力を必要とする出版事業に於て遂に氏との交渉を継続する能はざるを痛感するの外なきに至つた。〔岩波 1931a〕

岩波は当時、インタビューに答え、河上を厳しく批判している。

私としては今日まで出来得る限り忍んで来た、河上氏は大学教授として博士として最高の知識階級である。学者であるが故に節操を曲げ、約束を無視してよいと言ふのであらうか、殊に出版事業は著者と出版者の一致協力によりて初めて完ふされるものであるに拘らず、出版者の立場を根本から無視して自ら勝手な振舞をする著者が、而も学者にあるとはまことに遺憾なことであると思ふ。〔岩波 1931b〕

岩波は、河上に対して「今後貴下との間に交渉をつづける事を欲せず」と書いた絶縁状を送った〔小林 1963: 149〕。

世間からは、岩波に対する同情が集まった。岩波が河上の関わった書物をすべて書店から引き揚げ、断裁したうえで焼却処分したことが伝わると、「業界初め学界、読書界からも激励同情が寄せられ」た［岩波 1931b］。

改造社との競争によって生じた一連のマルクス翻訳出版騒動は、岩波書店の失敗に終わり、関係者の間に遺恨を残すこととなった。

店内の動揺

一九二〇年代後半になると、岩波書店の規模はさらに拡大され、一九二七年末には店員六四名を数えるようになった。すると創業時のような家族的紐帯は薄れ、岩波と新しい店員の間に距離が生まれるようになった。

一九二八年三月、店員約六〇名は労働条件の改善などを盛り込んだ嘆願書を岩波に提出し、ストライキに突入した。小林など古くからの幹部は争議団から除外されたため、店内が二分される事態に陥った。

岩波は具体的な待遇改善案を盛り込んだ「店員諸君に告ぐ」を提示し、事態の収拾を図った。岩波は次のように述べている。

> 思ふに近来遽に業務の繁忙を来し、又急激に人員が倍加しましたため、自然一部諸君との間の意志の疎通をかくに至りました。これが恐らく今度の事件の最大の原因であらうかと考へます。［岩波 1928b］

ストライキは数日で解かれ、通常業務が再開した。しかし、店員の中には様々なわだかまりが残された。

小林は三木清から、ある店員の声を聞かされた。それは「小林が先生（岩波のこと——引用者）とわれわれの間にいると、先生の姿がまるで見えない」というものだった。

小林は悩んだ。ストの最中に退職を申し出たが、岩波から強く慰留された。しかし、職場での居心地は悪くなり、「空気にも不満を抱くようになった」［小林 1963: 120］。

小林は八月に退職し、新たに鉄塔書院という出版社を立ち上げた。小林は三木と相談の上、『新興科学の旗の下に』という雑誌を創刊し、付き合いのあった著者から本を出す約束を取り付けていった。

岩波書店は、七月には『聯盟版マルクス・エンゲルス全集』が失敗し、八月には雑誌『思想』が休刊した。岩波は失意の中、密かにヨーロッパ旅行を計画する。彼は友人の小宮豊隆に洋行の相談をしたものの、彼から厳しい手紙が届いた。

小宮は、岩波を強く諫めた。

> 今日阿部〔次郎〕に会つて君の洋行の話をした。阿部は大不賛成だと言つた。今洋行するといふのは、もつとも苦しい又もつとも大事な時に、自分の店をにげ出すといふ事で、そんな事を

してゐたら、岩波書店は完全につぶれてしまはないとも限らないとも言つてゐた。僕も此説には同感である。此間会つた時にも今が時期であるかどうかはよく考へ〔る〕べきだといふ事を繰り返し君にのべたが、僕の意味したのも、実は阿部のいふ処のものであつた。それでもう一度此《この》手紙をかく。

君よく今の店の事情と、君が留守の間の店の状態とを考へて見たらどうだ。君が今君の店をとび出して西洋なんぞへ行くのは卑怯《ひきょう》だと思ふ。君の今の心持は苦しいに違ひない。いろんな不幸が折り重なつてきてゐるのだから、どうにかしなければやりきれない気になつてゐるに違ひない事は重重お察しする。然《しか》しさういふ際に君がとび出すのは、どう考へても男らしくまともに不幸と戦はうとしない事、言はば責任転嫁の、女々《めめ》しい所行であるとしか思はれない。

［岩波書店編集部 2003: 67–68］

岩波はこの封筒に「小宮に自分の心持が分らない生きた証拠」と書き記しているが、ヨーロッパ旅行の計画は忠告に従って断念した。

一九二八年は、岩波にとって試練の年だった。岩波は一九二九年の新年の挨拶状で次のように述べている。

昨年は当店にとつては多事多難震災にまさる大厄年でありました。物質的方面は別として精神的にうけたる苦痛の深刻なりし事は空前でありしは勿論絶後であらうとさへ考へられます。此間に処して平素の主張をまげず態度を改めず操守一貫義務の遂行に心を傾け大節を誤らざるを得しはひとへに諸賢の御同情による事と深謝致します。［岩波 1929］

政治への関心

岩波にとって苦しい日々が続いたが、一九二〇年代後半には社会的地位は確立されており、名声は定着していた。彼は地元諏訪への社会貢献を熱心に行い、生まれ故郷に水道を引く工事代金を受け持ったりした。一九二九年には諏訪で衆議院議員の候補として名前が挙がり、実際に上京して立候補を懇願する者も出始めた。岩波を推挙したのは地元の無産政党の青年たちだった。地元新聞は岩波の立候補の可能性を報道し、期待が高まった。

一九三〇年二月九日、岩波は「所信を明らかにす」を発表し、自らの政治的考えを述べた。彼は「無産党員たる事も欲する者ではありません」とし、出馬辞退を明言した。当時、民政党が政権を握り、浜口雄幸が首相をつとめていた。岩波は浜口政権を支持し、政友会を厳しく批判する立場をとった。このとき衆議院選挙が目前に迫り、世の中では浜口内閣への信が問われていた。

岩波はこの選挙の目的を「政友会在来の勢力を減殺するにあ」ると主張し、政友会への批判を明確にした。

(政友会は―引用者)大体に於て幹部の心掛けがよくなく国家よりも党利党略を重んじ公利公益よりも党利私福を先にしてゐます。更に私の最も憎んでやまないのは思想的高調を欠き原敬氏の所謂「政治は力なり」「力は正義なり」との謬れる信念に支配されてゐることであります。政友会は此の信念を以てどれ程横車をおし正義を蹂躙したことでせう。[岩波 1930]

当時の政友会総裁は、犬養毅だった。岩波は、かつて犬養の「崇拝者の一人」だったが、犬養が「自分の率ゐる革新クラブを政敵政友会に委ね「政治は金がなければ駄目だ」と放言した時」、「彼に対する信頼は裏切られた」として、厳しい批判を投げかけた[岩波 1930]。

狷介不羈清節の志士として一世の尊敬の的であった憲政の神は此時已に金力の下に兜をぬいだのであります。変通自在の奇知妙案はなほ彼の老獪に期待出来ぬかもしれません。政界の浄化革新は遂に彼に望むことは不可能であります。この故に私は彼による政友会の更正に到底望をかけ得ないのであります。(中略)政友会に政権の移ることは邦家の最大な不幸であり断じてこれを阻止しなくてはならないと堅く信ずるものであります。[岩波 1930]

一方で、民政党に対しても「気概なき政党」と批判し、消極的な評価を下した。しかし、浜口内閣の成立は「大に喜ぶべき現象」と絶賛し、首相の人格を讃えた。

私は何もかも信ずることの出来ぬ現時の政界に於て浜口氏の人格だけは泥中の蓮とも言ふべき唯一つの信ずべき存在であると信じます。敵も味方も国家に奉仕する彼の誠意誠心に疑を抱くものはないと存じます。(中略)私は氏の人格と識見と誠実とに信頼して我国当面幾多の難局を打開し得ることを期待する者であります。[岩波 1930]

無産政党に対しては、既成政党に対する共同戦線の構築ができない点を批判し、「彼等が何故に小異を捨てゝ大同につき現下の最大なる敵政友会の排撃に其勢力を集中しないかをいぶかる」と突き放した[岩波 1930]。

岩波は無産政党に対して、民政党と手を組むよう進言した。彼らは高い理想に固執することで孤立すべきではなく、大局的な視点から民政党と一致結束し、「大敵政友会を倒す」ことを優先しなければならないと説いた。

彼は「馬を政界に進め旧勢力に蟠居する巨頭と一戦を試みようとの考も時に起らないではありません」と政界進出への意欲をのぞかせつつも、最終的には「自分の事業に専念する事が当面更により多くより深く社会に寄与する所存であると信じ」るとして、岩波書店の経営を続ける意思を表明した[岩波 1930]。一九二九年から一九三〇年に起こった立候補騒動は、こうして幕を下ろし、岩波は出版活動に専念する決意を新たにした。

しかし、岩波の政治への関心は高まった。世の中の閉塞感が高まり、政治不信が加速する中、岩波は政治的発言を積極的に公表するようになっていった。そして、その言論は、偏狭な言論弾圧に対する抵抗という側面を有するようになった。

社会的地位を獲得した岩波は、一文化人として発言力を持ち、自らの見解を発信する論客としての相貌を呈するようになった。彼は「僕はリベラリストではあるがソーシャリストではない」と公言し［林 1947］、自由な言論空間を擁護した。また、マルクス主義から距離を取りながらも、マルクス主義関係の書籍を出版し、言論の活性化を図った。しかし、切迫する時代状況の中、その言論や出版活動にもさまざまな攻撃が加えられ、制約が課せられるようになる。

岩波にとって試練の時代がやってきた。

第三章 リベラル・ナショナリズムとアジア主義（一九三〇―一九三九）

岩波は店主室に「五箇条の御誓文」を掲げていた．左上の写真はケーベル，左下はロダンの彫刻．1939 年 12 月

時局への危機感

一九三〇年一一月一四日、浜口雄幸首相が東京駅で狙撃された。犯人は国家主義団体・愛国社に所属する佐郷屋留雄で、ロンドン海軍軍縮条約をめぐる統帥権干犯問題を不満としていた。

浜口首相は手術の結果、一命を取り留めたものの、約二カ月間の入院を余儀なくされ、退院後も国会には登壇できなかった。翌年三月にはいったん、国政に復帰したものの、首相としての仕事を継続できる状況ではなく、四月一三日に辞職した。結局、八月二六日に事件で受けた傷が原因で死亡した。

世の中には不穏な空気が流れはじめた。一九二九年に起きた世界恐慌の影響で、日本経済は苦境に陥り、企業の倒産が相次いだ。株は暴落し、街には失業者があふれた。浜口内閣による金解禁は深刻なデフレを引き起こし、農作物の価格は下落した。当時は冷害が続き、農村は凶作に苦しんだ。生活難に陥った農民は、次々に娘を身売りし、大陸への移住に最後の夢をかけた。

一九三一年には、三月事件・十月事件というクーデター未遂事件が発生した。九月には満州事変が勃発したが、若槻礼次郎内閣は関東軍を制御することができず、日本の傀儡による満州国建国に至った。年末には若槻内閣が崩壊し、政友会による犬養毅内閣が発足した。一九三二年二月には、犬養内閣の信任を問う選挙が行われ、政友会が圧勝した。

浜口を評価し、政友会を批判してきた岩波にとって、状況は急速に悪化しているように思えた。岩波は選挙にあたって、政友会による収賄を警戒した。彼は郷土の仲間と共に、「郷党の士に檄す」という文章を公表し、「賄賂を行使する候補者は政党政派を問はず断乎として悉くこれを排撃せよ」と訴えた[岩波他 1932a]。

社会では、若き国家主義的革新主義者によるテロ、クーデターが連続した。二月・三月には血盟団事件が起こり、五月には五・一五事件が起きた。岩波が批判した犬養毅は凶弾に倒れ、政党政治の時代は幕を閉じた。

岩波書店一ツ橋事務所の玄関

岩波は、暴力事件の背景となる経済不況を改善すべく、『経済学辞典』の再刊を決めた。彼は「再刊の辞」で次のように述べる。

> 今や不況は益々深刻をきはめ、資本主義は愈々横行し、国民生活の脅威は日一日とその度を加へつつある。この時、如何に生くべきかを考ふるは現代人の義務であり、しかしてそれは経済学によつてのみ満足に解決されると信ずる。[岩波 1932b]

一九三三年二月には、国際連盟において満州国の不承認を含むリットン調査団報告書が採決に掛けられ、日本だけ反対の四二対一（棄権一）で採択された。日本代表の松岡洋右は議場を退出し、日本は国際連盟を脱退した。

メディアは一斉に松岡の行動を称賛し、国民世論は歓喜した。国際連盟脱退はメディアと世論の共犯関係によって後押しされ、国際社会からの日本の孤立が加速した。

岩波は三月に『新聞之新聞』に「所感」を発表した。岩波書店にはこの草稿が保存されているが、そこで彼は新聞メディアのあり方を痛烈に批判した。

岩波は言う。

> 新聞事業はあくまでも社会を指導するといふ高貴なる理想の実現をその使命としなくてはならない。その矜を失つて一般の営利業の地位に堕す事は許さるべき事ではない。痩我慢をしてもこの理想を死守しなければならない。
>
> 今日の日本に行はれる新聞を見るに遺憾ながらこの目標と相去る事遠いやうである。徒に民衆に迎合して、唯々読者の多からん事にのみ腐心して本来の尊き使命を忘れたかの如き観がある。堂々たる大新聞ですら現代の商業主義者若しくは軍国主義者の繋縛から離脱する事が出来ない有様である。［岩波 1933d］

岩波にとって、新聞の大衆迎合は「商業主義者」や「軍国主義者」の「繋縛」を強化する行為に他ならなかった。大衆の熱狂と軍国主義が一体化する中で、新聞が率先して世相に飲み込まれ、批判精神を喪失する姿に我慢がならなかった。

店主室での岩波．1940 年 3 月

岩波は、当時の新聞を批判するために、かつて自らが親しんだ陸羯南《くがかつなん》の『日本』を取り上げ、その毅然とした態度の想起を促した。

> 私の青年時代に日本新聞(今の日本新聞に非ず)といふ新聞があつた。雪嶺、日南、羯南等錚々たる記者が集つて編集をしてゐた。威武に屈せず権勢に諛らず第一主義に立脚して民衆指導の精神を忘れなかつた。あまりに超然たる態度をとつた為か遂に玉砕してその存在を失つた事は甚遺憾な事である。今日に於ても流俗を排撃してかゝる態度をとれば新聞は成立しないかもしれないが私としては現在の新聞界に於てもこの日本新聞に類する

が如き、少なくともこの新聞の方向に向つて進む一つの新聞の出現を望んで止まないのである。
[岩波 1933d]

岩波はこの頃から、明治維新→自由民権運動→政教社と続く明治ナショナリズムによって、昭和の軍国主義的・膨張主義的ナショナリズムを批判するというスタンスを鮮明にした。彼は日本中学の師・杉浦重剛に連なる陸羯南や三宅雪嶺を取り上げ、彼らが権力に阿らず、「流俗」から超然的姿勢を保ったことを強調した。

岩波はあくまでもリベラルなナショナリストだった。彼にとって、ナショナリズムは国民主権と密接な関係を持ち、一部の人間が特権的に独占する政治への批判原理だった。国家は特権階級のものではなく国民のものであるという理念が、ナショナリズムだった。しかし、昭和のナショナリズムは自由な批評精神を圧迫し、権力による国民動員のイデオロギーへと転化しつつあった。岩波は、このような潮流に明治ナショナリズムの喚起という手段で対抗しようとした。

この姿勢は、以後の岩波の一貫した行動原理となり、時代と対峙することになる。

講座派の形成と発禁処分

五・一五事件によって政党政治が終焉を迎えると、岩波書店に対する出版統制の波が急速に押し寄せた。その対象となったのは、一九三二年五月に刊行が始まった『日本資本主義発達史講座』だった。

一九三〇年二月、鉄塔書院の小林勇は、野呂栄太郎の『日本資本主義発達史』を出版した。野呂はこの年の一月に日本共産党に入党し、理論的指導者として頭角を現していた。この頃、野呂を中

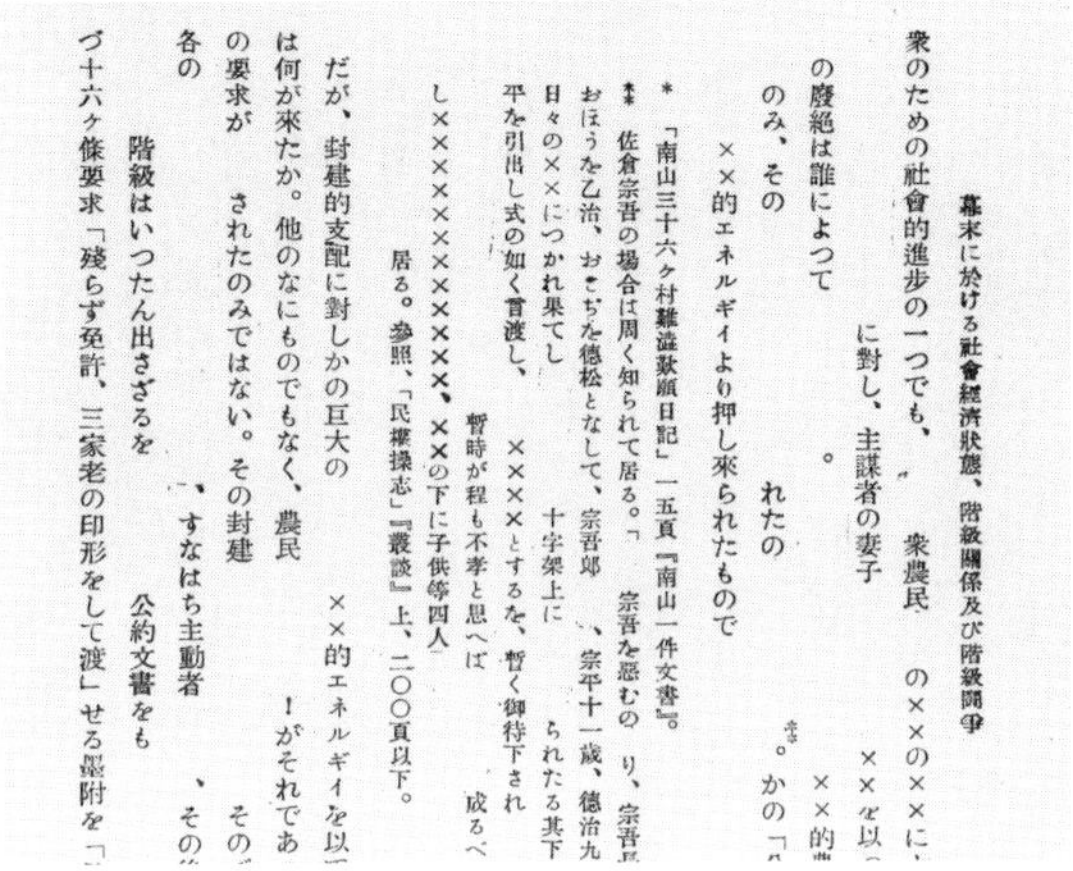

幕末に於ける社會經濟狀態、階級關係及び階級鬪爭

衆のための社會的進歩の一つでも、　衆農民　の××の××に

に對し、主謀者の妻子　××を以

。　××的

の廢絶は誰によつて　れたの　。かの「

のみ、その

××的エネルギイより押し來られたもので

＊「南山三十六ヶ村難澁歎願日記」一五頁『南山一件文書』。

＊＊佐倉宗吾の場合は周く知られて居る。「　宗吾を惡むの　り、宗吾

おほうを乙治、おこぢを德松となして、宗吾郎　、宗平十一歳、德治九

日々の××につかれ果てし　十字架上に　られたる其下

平を引出し式の如く言渡し、　××××とするを、暫く御待下され

暫時が程も不孝と思へば　成るべ

し××××××××××、××の下に子供等四人

居る。參照、「民權操志」『叢談』上、二〇〇頁以下。

だが、封建的支配に對しかの巨大の　××的エネルギイを以

は何が來たか。他のなにものでもなく、農民　！がそれであ

の要求が　されたのみではない。その封建　その

、すなはち主動者　、その

各の

階級はいつたん出さざるを　公約文書をも

づ十六ヶ條要求「殘らず免許、三家老の印形をして渡」せる畾附を「

『日本資本主義発達史講座』は毎回発禁処分にあい，その改訂版がようやく読者の手にわたった．全7巻．下は第1部・明治維新史の伏せ字および削除箇所．1932年11月刊

心に「日本資本主義発達史研究が左翼の人々の間で進んでおり、それを「講座」として発行しようという計画があった」。野呂は小林に計画を相談した。小林は「その大きな仕事をする自信がな」く、また「力の弱い本屋では一たまりもなく押しつぶされる懸念があった」ため、「岩波書店へ話してみる方がよいとすすめた」[小林 1963: 151]。

野呂は羽仁五郎ら同志と相談し、岩波書店に出版計画を持ち込むことを決めた。羽仁が岩波に打診し、詳細を野呂が説明すると、岩波は乗り気になった。

> 私はマルキストでも共産主義者でもないが、日本国民を大国民にする為めにはその思想を世界的ならしめねばならぬと強く考えていた。封建制度の下で井底の蛙のように育成されて来たこの偏狭な国民に、人類思想界の一潮流とすべきマルキシズムを紹介することは絶対に必要であるということを信じて、主義の宣伝でなく飽くまで学問的、研究的にするならば御申出でを受け容れたいと答えた。[岩波 1998: 24]

講座の編集予定者には、野呂の他に大塚金之助、平野義太郎、山田盛太郎が名を連ねており、岩波は「この講座が立派なものであることは疑いをはさ」めないと考えた。また、社会的にも教育的にも意義のある出版だと思えたため、企画を引き受けることにした[岩波 1933e]。

しかし、岩波は警戒した。当時は共産党を中心とするマルクス主義者への思想弾圧が続いており、この講座も発売禁止処分を受ける可能性があった。彼は友人の潮恵之輔(当時の内務次官)の紹介を得て警保局図書課長と面会し、出版の根回しを行った。すると、次のように言われ、出版のお墨付きを得た。

「貴方のところで出されるものなれば勿論差支へなかるべし。もし何か故障でも起ることあらば自分に電話でもかけて呉れ、出来るだけの便宜を計るべし」[岩波 1933e]

岩波は安堵し、編者たちに学術的で合法的範囲での記述を求めた。そして、編集段階で原稿を精査し、「妥当を欠く如き文字は編輯方面に注意して改訂して貫つた」。彼は「法に違反することなき様専念努力して刊行」した[岩波 1933e]。

一九三二年五月に『日本資本主義発達史講座』の出版が始まった。この講座に掲載された論文は、明治維新による近代国家成立を封建制の最終段階(絶対主義国家)と見なす日本共産党の三二年テーゼに基づいていた。彼らは、第一段階として絶対主義的天皇制を打倒するブルジョア民主主義革命が必要であるとし、次の第二段階としてプロレタリア革命が起こるという「二段階革命論」を採った。この立場は、「講座派」と呼ばれ、明治維新をブルジョア革命と見なす「労農派」との間で「日本資本主義論争」を繰り広げることとなった。

刊行開始から一九三二年八月の第三巻までは、問題なく出版された。しかし、同年一一月の第四巻から突然、発禁処分を受けることになり、岩波は驚いた。

彼が図書課長のもとを訪問すると、担当者は別人に代わっていた。発禁処分について「卒直に不服を述べ」たものの、相手は「検閲方針は変更せず」と答え、「君の方の編輯方針が違ったらう」と責めた。岩波は「内心甚だ不平」だったが、その後の刊行は「一層注意に注意を重ね」出版した［岩波 1933e］。

それでも部分的な発禁や削除処分は続いたが、一九三三年八月、何とか全七巻の講座が完結した。

長野県教員赤化事件と時代への反逆

官憲によるマルクス主義者への取り締まり・弾圧は、日を追うごとに苛烈化していった。一九三三年二月四日には「長野県教員赤化事件(二・四事件)」が起きた。これは長野県の共産党シンパとされた教員などが一斉検挙された事件で、四月までに検挙総数は六〇〇人(うち教員は一三八人)を超えた。二月二〇日には、小林多喜二が検挙され、警視庁築地署で虐殺された。

岩波は九月二一日に「教員思想犯事件に就いて」という文章を、信濃教育会に送った。彼はここで、マルクス主義から距離を取りつつも、マルクス主義が拡大する社会背景に対して、一定の理解を示した。

今日マルキシズムが、頭脳の優秀にして人格の善良なる良家の子女に拡まりつゝあるのは事実であつて、依つて来たるところでも偶然ではない。此の際社会は反省してみる必要がある。金力が物を言ひ過ぎはしまいか、権力が幅を利かせ過ぎはしまいか。資本家は遊んで食ひ、労働者は終日営々として額に汗するも衣食に困窮するといふ実情を見て、心ある者の考へさせられるのは当然である。［岩波 1933f］

彼は、マルクス主義が拡大する動向を「肯定しようとするのではない」としつつ、一方で「全然否定すべきものでもない」と言い、「この傾向を善導」することで「社会の進運に寄与する事」こそ重要だとの見解を示した。また、マルクス主義を頭ごなしに否定するのではなく、まずはその思想を知る必要があると指摘し、そのうえで「公正なる批判力を養ふことに積極的に努むべきである」と論じた［岩波 1933f］。

彼は、次のように言う。

日本精神なるものは広大無辺であつて一部人士の考ふる如きケチなものであつてはならない。我が国の文化は、仏教も基督教もとり入れ儒教もマルキシズムも消化して益々その光輝を放ちつつあるではないか。維新の偉業を大成せし明治大帝の五箇条の御誓文は日本大精神の発露せしものに外ならない。徒らに偏狭なる国粋思想にとらはれて理性の眼を蔽ひ良心の声を塞ぐが如きは、結果に於て国運の進歩をさまたぐる事となる。矯激なる言動はもとより大いに慎まねばならぬが、徒らに赤化の名を恐れて、言ふべきを言はず、行ふべきを行はず左顧右眄理想に進まざるは、教育者のとるべき態度でない。［岩波 1933f］

岩波がここで強調するのは明治天皇によって宣布された「五箇条の御誓文」の意義である。これは一八六八年三月一四日に示された明治新政府の基本政策で、次の五箇条からなっていた。

一、広く会議を興し、万機公論に決すべし
二、上下心を一にして、盛に経綸を行ふべし
三、官武一途庶民に至る迄、各其志を遂げ、人心をして倦まざらしめん事を要す
四、旧来の陋習を破り、天地の公道に基くべし
五、智識を世界に求め、大に皇基を振起すべし

岩波は、この「五箇条の御誓文」の中に国民主権ナショナリズムを見出し、返す刀で「偏狭なる国粋思想」を批判した。彼にとって、多元的な公論を阻害する国家主義者との対決は、ナショナリズムをめぐる闘争に他ならなかった。岩波にとっての「日本大精神の発露」は「五箇条の御誓文」に集約されており、「万機公論に決すべし」という宣言こそ、日本ナショナリズムの本義だった。

彼は、明治天皇による神への誓いを盾とし、愛国のレジティマシー(正統性)を掲げることで、偏

狭な国粋主義者に対抗しようとした。彼にとって、明治天皇によって体現された維新の精神こそ、リベラルなナショナリズムだった。

岩波は、この延長上に内村鑑三の思想を据える。

> 往年内村鑑三先生が不敬事件を起し国賊とまで呼ばれ其の地位を奪はれたことがあつた。しかし先生は世にも稀なる愛国者であり、武士道の鼓吹者であり、大和魂の尊信者であつた。先生の信仰なるものは人道的精神と愛国的情熱と武士道の融合渾成せるものであつた。多くの牧師が外国人によつて建てられた教会により外国より来たる給与に衣食して伝道するに反し、内村先生は一銭一厘も外国の資を受けず独立して日本的の伝道をしたのである。当時先生を国賊と罵りし所謂愛国者の影は今煙の如く消えて、先生の信仰より出でし感化は現在日本の有力なる人士の愛国心を鼓舞しつゝある。又その全集は永久に日本人の愛国心を刺激するにも役立つであらう。［岩波 1933f］

岩波書店は一九三二年四月から『内村鑑三全集』の刊行を始め、この年一九三三年の一二月に全二〇巻を完結させた。第一章で述べたように、岩波は第二〇巻の月報に「全集完了に際して」という文章を掲載しているが、そこで次のように述べている。

国歩艱難の現時に於て私は国賊と言はれ、非国民と罵られ、偽善者と侮られた先生を想ふの情特に切なるものがある。［岩波 1933b］

岩波は、かつての内村の姿に自己の立場を仮託した。偏狭な国粋主義者から非難されようと自らの信念を貫いた内村に心を寄せ、そのナショナリズムに言論の指針を見出した。迫害を恐れない果敢な姿勢は、言論弾圧の矛先を向けられ苦しむ岩波にとって、精神的な支えとなった。

彼は次のような文章で締めくくる。

思ふに今日の日本程真理や正義や真実から懸け離れて居る社会はまたとあるまい。忠君愛国を唱ふる者はざらにあり、思想善導の学者も何処にも転がつて居るが、先憂後楽、真に国を憂ひ義を慕ふ者がいない。これが現代日本の憂患である。私は先生の如き種類の国賊、非国民、偽善者が出でて、価値の顚倒をなし、本質的なるものの何たるかを示し、日本の現状を救つて呉れることを祈つて止まない。［岩波 1933b］

岩波にとって、この時期に『内村鑑三全集』を出版することは、時代への反逆だった。そしてこの出版は、ナショナリズムの正統性をめぐる国粋主義者との戦いだった。

岩波は、先の「教員思想犯事件に就いて」の中で「吉田松陰先生が今日の青年であつたなら或は左傾の徒といはれたかもしれない」とも述べている[岩波 1933f]。彼にとって、松陰もまた「維新の精神」に依拠した国民主権ナショナリストだった。岩波書店は翌一九三四年から『吉田松陰全集』の刊行を始めるが、これも同時代に対する批判的活動の一環だった。

岩波の戦いは、苦境に立たされれば立たされるほど、静かな熱を帯びていった。

滝川事件

一九三三年四月二二日、鳩山一郎・文部大臣が京都帝大法学部教授の滝川幸辰《ゆきとき》の辞職を要求した。所謂「滝川事件」の始まりである。

滝川は前年の一〇月に中央大学法学部で「『復活』を通して見たるトルストイの刑法観」という講演を行ったが、その内容が貴族院で取り上げられ、無政府主義的との批判が巻き起こった。さらに共産党に同調的な裁判官が検挙される「司法官赤化事件」が起こると、その元凶として帝国大学法学部の教員がやり玉に挙げられ、司法試験委員だった滝川が批判された。

鳩山文相は滝川の著書『刑法読本』を危険思想と見做し、「大学令」に規定された「国家思想の涵養」義務に反すると非難した。一九三三年四月一一日には、内務省が滝川の著書『刑法読本』『刑法講義』を発禁処分とし、同年四月二二日には、文部省が小西重直・京都帝国大学総長に対して滝川の辞職を要求した。

京都帝大法学部の教員たちは反発し、強い抗議を行ったが、文部省は五月二六日に滝川の休職処分を強行した。教授会では同僚教員の辞職が相次ぎ、法学部の学生も共闘する姿勢を見せた。

この一連の問題を重視し、執拗な言論攻撃を加えたのが雑誌『原理日本』だった。この雑誌は一九二五年一一月に創刊され、編集人は蓑田胸喜が務めた。誌面の特徴は、帝国大学教授に対する攻撃で、「綱領」には次のように記されていた。

> 日本国民の思想的素質とその綜合生成的伝統生命の無極開展を、即ち『原理日本』を信ぜず認めざる内外一切の思想運動に対して不断連続の永久思想戦を宣言する。［蓑田 2004a: 183］

蓑田らは、一九三三年一月に刊行した『原理日本』(第九巻第一号)を「司法部大不祥事件特輯号」と銘打ち、冒頭に蓑田の「日本総赤化徴候司法部不祥事件　禍因根絶の逆縁昭和維新の正機」という論考を掲載した。蓑田は巻末の「編輯消息」の中で、次のように言う。

> いまこそ満洲事変、聯盟会議に示されました「神威」が頽廃乱離の国内政治思想生活の改革に具現せらるべき時でありまして我らは今回の司法部不祥事件は真に国難日本の禍因根絶の逆縁、昭和維新断行の正機なりと信ずるものであります。［蓑田 2004c: 190］

『原理日本』の刃は、次第に京都帝国大学法学部に向けられ、同年六月に発売された号(第九巻第五号)は、「京都帝大法経済学部妄動批判号」と題して滝川事件の全面特集を組んだ。また翌七月の号(第九巻第六号)でも「京大問題の学術的処置」という特集を組み、激しい京大攻撃を展開した。

このような中、岩波は七月一四日の『東京朝日新聞』の投書欄(「鉄箒」)に、先憂子という名前で投稿した。タイトルは「学者の態度」。ここで彼は滝川を全面的に擁護し、文部省を批判した。

天下を論議する政客はいくらでも転がつて居るが、一身を国家に捧げる志士はない。諸学説を講義する教授はざらにあるが、真理に殉ずる学徒は少ない。常に動揺せる文部当局の態度に比し、真理の忠僕、正義の使徒として終始一貫微動だもせず、所信に生き大学の為に玉砕されし京大法学部諸教授の態度に私は満腹の敬意を表し、その立派な最期に近来になき感激を覚ゆる。

滝川氏の学説が真に国家に有害ならば、京大法学部の閉鎖は云ふも更なり、これに和する全大学の全滅もまた厭ふべきではない。又法学部の主張が是なりとせば、文相の即時辞職も内閣の更迭も避くべきでない。大学の自治といひ、研究の自由といふも、滝川問題より派生したものである。かくも重大なる問題となつたに拘らず、本家本元の京都大学ですら、問題の核心たる滝川氏の学説についての批判を聞かないのは、吾人の深く遺憾とするところである。

私は刑法読本を一読し、これが何故にかほどの問題を起したかを怪しむ。文部当局によつて盛んに宣伝された滝川氏の内乱激成、姦通奨励の説のごときもその実は吾人の常識に一致してゐる。この書の発行当時牧野前大審院長が本紙の読書頁でこれを推奨した事実より見ても、その危険思想でない事位の見通しがつくと思ふ。

今日の社会の通弊とするところは、正邪善悪の判明せざるといふことよりも、判明しながらこれによつて去就を決せず、長きものには巻かれよという態度を取る事である。滝川氏の学説の危険性を認めず、文部の処置の不当を百も承知しながら、立つて京大法学部を援けようとしない大学教授は救はれざる輩である。

学者の真理に対する態度はあくまで厳粛でなければならない。眼前をこ塗するは政治家の常であるが、学者のすべき事でない。今となつては致し方なしなどとは学者としていふべき事ではない。事件の根本に眼を向け、滝川氏の学説の正邪を明かにして、あくまでも良心的に行動すべきである。〔岩波 1933g〕

岩波の投書は、京大法学部の中で、滝川擁護のために立ち上がろうとしない教員たちに、決起を促すことを目的としていた。彼の批判は文部大臣に向けられると同時に、京都大学のあり方に向けられた。

京都帝国大学総長が小西から松井元興に代わると、岩波は「問題の核心――京大松井新総長に」を書き、「滝川氏の復職は当然である」と訴えた〔岩波 1933h〕。

彼は小西前総長を厳しく批判する。

小西前総長は刑法読本を見て教育上□□上何等差支なしとて法学部の主張を支持せられしにも係らず其所信に殉じ之を断行する点に頗る遺憾の点があつた。滝川を休職とする前に我を首切れと文部に向つて迫る位の態度があつたら恐らくかくまで事件を拡大しなくて済んだ事と思はれる。文相に慰撫せられ改めて文部当局の責任とも云はるべき学生鎮圧の重荷までも負はされて辞表をもち帰つた姿はみじめ其物であつた。［岩波 1933h］

そして、松井新総長に対して「良心的に行動して貫ひたい」と訴えたうえで、長いものに巻かれることなく「真理と信ずる所に向つて何物をも怖れず勇敢に突進して貫ひたい」と強調した。さらに、文部省に対して抗議の辞表を突き付けた法学部の教員たちを讃え、「終始一貫微動もせざりし法学部の態度には敬意を表せざるを得ない」と述べた［岩波 1933h］。

岩波は一九二〇年に『普通選挙』を出版した佐々木惣一に手紙を送った。佐々木は京大で法学を学んだ後、そのまま京大法学部の教員となり、当時は教授になっていた。法学部では二度、学部長を務めるなど、実力者だった。佐々木は滝川事件に対して批判的であり、研究の自由や、大学の自治を擁護した。そして、その上で、助教授をはじめとする若い研究者に対して、教授たちが辞職しようとも、職に留まって引き続き努力するよう説得した。

しかし、これに対して岩波は不満を述べた。

小生は法学部の微動もせず所信に一貫せる態度に衷心より敬意を表し居り候処此度軟派残留組なるもの生じ強権の暴圧に屈伏せるは九仞の功も一簣にかくものとして残念至極に候。

きく所によれば先生は教授助教授の職責の相違を説いて残留をすゝめしとの事小生の心外とする所に御座候

深き〳〵意義は存せず候も大義大節よりすれば瀧川氏の復職なき限り玉砕以外には途なきものと存じ候。非常時の特例の連発なきを保障せざる限り大学の自治研究の自由も空文となる恐なきか。根本問題たる瀧川氏の学説の正邪少なくとも大学教授の位置を奪ふに値する程国家に有害なりや否やにつき御論究をさけて徹底的解決は望み得べからずと存じ候。貴見如何。

小生は独り力瘤を入れ居りしに法学部の分裂を見て遺憾の念に不堪候。

分裂の動機が真理に対する見解の相違より来りしなければ猶忍ぶべきも、理想主義より便宜主義への転向としての政策的意味ありとすれば小生は学徒の態度として承認するを得ず候

政事家は結果を考ふべきも、学徒は一直線に真理と信ずる所に邁進すべきものと存じ候。残留組の声明は肝要なる個所をさけて甚薄弱なるものに比して、玉砕組〔文部省が辞表を受理しなかったのに、あえて退官した恒藤恭と田村徳治——松尾注〕教授の声明は吾人の良心に訴ふるもの有之候。小生は七教授が大事に際して大節を誤りし様存じ候。〔松尾 1991: 11〕

結局、佐々木は大学に抗議して辞職した。法学部内は辞職組と残留組に分裂し、一部の学生も辞職教員を支援する運動を展開した。

岩波は辞表を提出した教員に対して、激励の手紙を送った。法哲学者の恒藤恭は、次のような返信を送っている。

> 拝復　東北への御旅行の途中から御送り下さつた御激励の御言葉を感激のこゝろをもつて拝誦いたしました
> 仰せのごとく百千の議論も結局一の正しい行動に若《し》くものではありませぬ
> 当初からの主張の精神のゆびさすまゝに邁進いたしたいと思つてゐます
> 御懇情をあつく感謝いたします　早々〔岩波書店編集部 2003: 83〕

岩波書店では、辞職した民法学者・末川博の協力によって『六法全書』(昭和五年版)を出版し、事項索引と参照条文を付すという「当時としては画期的な企画」を成功させていた〔岩波書店編集部 2003: 56〕。岩波は若き末川を信頼し、以後、『六法全書』の編纂を任せた。岩波にとって京大法学部は、関係の深い学者によって構成されていたため、滝川事件への憂慮の念は大きかった。

一九三三年一一月には滝川・恒藤・末川ら辞職教員による『京大事件』を出版し、彼らを支えた。

一方、法学部には辞表を提出せず、ポストに残留した教員もいた。岩波は一九三四年一月に『京都帝国大学新聞』から受けた「第六十五議会の再開に際し「この議会に対し、何を望まれますか」」という質問に対して、次のように答えている。

私は必ずしも議会制度を否定しないが現存の政党そのものに対しては速かにその消滅する事を望む以外何物も期待しない。恰も貴大学法学部を否定しないが態度の明徴を欠いて強権の暴圧に屈従した残留組に何物も期待しないと同様である。［岩波 1934c］

岩波は、京大の西田幾多郎や田辺元、和辻哲郎らにも共闘を呼び掛けたが、同意を得ることが出来なかった。彼らは滝川に対して、平素から好感情を有していなかった様子で、事件については消極的態度に終始した。西田が「一滝川の為に大学をつぶすわけにはゆかぬ」と言ったのに対して、岩波は「この事件を以て学者、思想家が、その後兇暴な軍部や右翼に屈する倆をなしたものだ」と安倍に語った［安倍 1957: 349–350］。

この年の六月七日には、佐野学と鍋山貞親の獄中での転向声明が発表された。一一月二八日には共産党委員長・野呂栄太郎が検挙され、翌一九三四年二月一九日に獄死した。

言論弾圧の波が、猛然と岩波書店に迫っていた。

田辺元の怒り

一九三三年一二月、岩波書店は創業二〇年を記念して「岩波全書」を創刊した。これは専門分野の知識を簡潔にまとめた一般向け小冊子で、「現代学術の普及」を目的として刊行された[岩波書店 1996: 111]。

創業20年記念出版として「岩波全書」創刊．1933年12月．
これより店のマークをミレーの「種蒔く人」に変更した

「岩波全書」の創刊に向けて執筆依頼が進められているとき、小さなトラブルが生じた。岩波は当初から田辺元に執筆を依頼し、『哲学通論』の出版が決まっていた。しかし、三木清との話し合いの中で、創刊記念にさらに「弁証法」をテーマとした本を依頼することになり、編集部からその打診をしたところ、突如、田辺の怒りに火が付いた。

一九三三年三月二一日に岩波に宛てた手紙の中で、田辺は次のように言う。

小生の不快の原因は、貴兄も三木君も商品の大量生産をやる工場主(乃至支配人)が熟練職工を遇する態度を以て小生等に臨《のぞ》まれる資本家的態度にあるのです。我々(少くとも私)の書くものはつまらぬものでも、とにかく一種の創作なので、唯《ただ》時間をかければ出来る商品として扱はれることは不平です。小さなものは小さいだけに、通俗なものは通俗なだけに根気と精力とを費《ついや》さなければ出来ません。それを僅《わずか》な期間に四五十も景気よく並べて出す其労働の総動員に参加させて踊らせ様といふ態度は、学者の矜持《きょうじ》が許さず友情の期待が承認しないのです。（中略）

年来貴兄は小生等を単に著者として営業的見地からのみ遇せられるのではないと信じ、小生は他の書店の依頼を絶対に断《ことわ》つて貴店より外《ほか》から出さない方針で来たのです。併《しか》し資本主義の高度の発達は貴兄をも出版者として上の如き態度に出でしむる状態に達したものと思ひ遺憾な感がします。若《も》しさうなら今後は小生は出版者としての貴兄には矢張《やはり》単なる著者として対する外無いかと考へます。又若《も》し斯《か》かる事が貴兄の本意でないなら此際御反省を願ひたいと思ひます。［岩波書店編集部 2003: 21–23］

岩波はこの手紙を受け取ると、すぐに京都に向かい、田辺と面会した。岩波が率直に謝罪すると、田辺は機嫌を取り直し、創刊時に『哲学通論』を出版した。

「岩波全書」では、岩波書店の新しいマークが用いられた。これまでは橋口五葉が描いた「甕《かめ》」が使用されてきたが、この時からミレーの「種蒔く人」を図案化したものに変わり、現在に至っている。

岩波にとって、ミレーの絵画は一高時代から心惹かれるもので、一時は羊飼いに憧れ南米への渡航まで考えたこともあった。岩波は言う。

ミレーの種蒔きの画をかりてきてマークとしたのは私が元来百姓であつて労働は神聖なりといふ感じを特に豊富に持つて居り従つて晴耕雨読の田園生活が好きであるといふ関係もあり、詩聖ワーヅワースの「低くくらし、高く思ふ」を店の精神としたいためです。なほ文化の種を蒔くというやうなことに思い及んでくれる人があれば一層ありがたい。［岩波 1935a］

一九三四年一一月には、小林が岩波書店に復帰した。小林は一九三二年に岩波の次女・小百合と結婚していた。

『吉田松陰全集』

一九三四年一〇月、岩波は『吉田松陰全集』の出版を開始した。既述の通り、岩波は少年時代から吉田松陰を敬愛し、徳富蘇峰『吉田松陰』を愛読した。松陰への思いは生涯続き、新聞・雑誌のインタビューで「尊敬する人」を尋ねられると、繰り返し西郷隆盛と共に松陰の名を挙げた。

岩波は出版にあたって「吉田松陰全集刊行に際して」という文章を発表しているが、そこで次のように述べている。

松陰先生逝いてこゝに七十六年、我国勢は一大飛躍をしたのであるが、現下内外の情勢はまた国歩の極めて難きにあるを思はしめる。政治に経済に教育に第二の維新が想起されて、松陰に還れと絶叫される。国運の進展は憂国の情熱とともに宇内の形勢を達観する識見と経世の実践的指導を必要とする、将に松陰先生を再認識すべき秋であると思ふ。[岩波 1934a]

また、一九三六年四月に全一〇巻の出版が完結した際には、「新日本建設の指導精神に一大寄与を為したることは、洵に邦家にとつて大いなる慶びと云はねばならぬ」としている[岩波 1936a]。

岩波にとって、『吉田松陰全集』の出版は、同時代に対する静かで鋭利な批判だった。彼にとって松陰は近代日本における国民主権ナショナリストの元祖であり、封建的秩序打破を進めた革命家だった。松陰の思想の根本は、尊王精神に基づく万民の平等であり、抑圧的なヘゲモニーの解体だった。そこには覇権主義や排他性など存在せず、階級を越えたナショナルな連帯が志向されていた。

徳富蘇峰は一九〇八年に『吉田松陰』の改訂版を出版し、かつて自らが描いた革命家・松陰という像を放棄した。彼は松陰に帝国主義的な国家主義者という像を付与し、日露戦争以降の時代に寄り添った。松陰は革新的な国民主権ナショナリストから、尊王的帝国主義者へと姿を変え、世の中に提示された。この松陰イメージが昭和期には定着し、消費されていた。

岩波は、偏狭な国粋主義者から松陰を奪い返そうとした。彼にとっての松陰は、蘇峰が初版『吉田松陰』で描いた「維新者」そのものだった。一部特権階級が独占する政治を批判し、国民主権の確立を目指す姿こそ、ナショナリスト松陰の面目だった。

岩波はリベラル・ナショナリストとしての松陰を「新日本建設の指導精神」とすることで、偏狭な国粋主義を内破しようとした。『吉田松陰全集』の出版は、岩波にとっての抵抗だった。安倍は言う。「彼としては又、松陰の如き真の憂国の志士が、今のいはゆる憂国の志士と如何に違ふかを示したかつたのかも知れない」[安倍 1957: 198]。

この意図を鋭敏に嗅ぎ取ったのが、蓑田胸喜だった。蓑田は一九三四年一〇月八日付で岩波に書簡を送り、『吉田松陰全集』の出版に敬意を示したうえで、予約申し込みをしたことを告げた。そして、『東京帝国大学新聞』九月二四日発売号に掲載された岩波のインタビューを挙げ、松陰の思想と岩波の発言は「正反対」だと批判した[蓑田 1934]。

蓑田は『原理日本』第一〇巻第九号(一九三四年一〇月)に「岩波茂雄氏の驕慢反逆思想——帝大新聞紙上の指令的記事に就いて」を掲載し、激しい岩波批判を展開した。ここで彼は岩波が真に「国家無限の恩寵」を想うのであれば、「デモクラシイ、マルキシズム宣伝に対し毅然」とした態度をとり、「率先して日本主義文献の出版」に邁進すべきだと論じた。

蓑田にとって岩波が問題なのは、『吉田松陰全集』を出版しながら、一方でマルクス主義者の書物を積極的に刊行することだった。

氏はマルキシズムの流行に追随し改造社と競争して『資本論』の翻訳出版に狂奔し、それが殊にかの無学無節操の河上肇氏の如きを新聞の大広告を用ゐて讃美しその個人雑誌『社会問題研究』を自然に引次ぎ僅か数冊にしてマルクス無理解誤訳充満の日本語になつてゐない『資本論』も『社会問題研究』も河上氏と喧嘩別れをして廃棄したる如き(それも新聞にまで広告したかと思ふ)無見識の醜態を暴露した、そこに如何なる『出版の標準』思想的節操があったのであるか?

恥ぢよ、己の言葉とこの事実との前に、岩波茂雄氏! 懺悔しまつれ、祖国守護神霊の大前に祖国呪詛国体変革売国運動に味方したる日本人としての自己の深重罪業を![蓑田 2004b: 657]

蓑田の目には岩波は擬似的なナショナリストと映った。岩波はあくまでも「売国運動に味方したる日本人」であり、祖国の神々に対して懺悔すべき人物だった。

滝川を厳しく断罪してきた蓑田は、彼を擁護してきた岩波を厳しく批判する。

岩波氏は姦通奨導・刑罰否認論が危険思想でないといふことを論証し得る大学者であらうか? 『学』とは何ぞや? 『真理』とは何ぞや? の問に答へ得るならば答へてみよ! 岩波氏のこの不逞反逆思想は曽つて河上肇氏また藤森成吉氏を支持し、いまも滝川幸辰氏を支持して京大罷免教授共著の『京大事件』を発行し、治安維持法を以て帝国憲法の精神に戻るなど妄語したる美濃部達吉氏の論文集『現代憲政評論』『議会政治の検討』また満洲事変否認の売国思想家横田喜三郎氏の『国際法』等を発行したのだ！〔蓑田 2004b: 658〕

岩波は蓑田に対して、返信を送った。これが『茂雄遺文抄』にも収録されたよく知られる書簡である。『茂雄遺文抄』では昭和一六年のものとされているが、昭和九年の誤りである。

拝啓

益御清適奉賀候　陳者御雑誌「原理日本」十月号御恵贈下され有難く拝受仕候　小生如き一町人を主義に立つ一人前として御取扱い下され帝大新聞に於ける談話を元として論議下され候事寧ろ光栄の至りに存じ候　貴下の固守せらるる日本主義より見て小生の出版方針が無方針の如く断ぜられるはさもあるべしと存じ候え共出版社として小生にはこれでも世に阿らず俗に媚びざる操守の態度を堅持して来たしまた将来も其積りに御座候　故に人類思想史上に現われし種々の代表的思想を忠実に紹介することを以て自分の出版社としての義務と心得居り候　過去の日本を忘れざると共に将来の日本を考うる時は徒らに従来の偏狭固陋なる国粋主義に立てこもることなく五ケ条の御誓文の精神を体して知識を世界に求め人類文化の精を集めこれを融合統一することは日本精神の美をなす所以にして輝ける新日本の建設は広大無辺の大真理に立脚せざるべからざる事を確信するものに候。仏教や儒教を取入れて日本精神の内容が光彩をはなてる如く今後といえども世界人類に存在するあらゆる真なる善なる美なるものを取入れてこそ日本精神は生々発展して永久にそのかがやきを失わぬことと存じ候　小生は一冊の雑誌一冊の図書を出版するにも未だ曽て学術の為め、社会の為めを思わざる事なく「吉田松陰全集」を出す心持ちとマルクスの資本論を出すこととに於て出版者としての小生の態度に於ては一貫せる操守のもとに出ずる事に御座候

諸種の学説あり、諸種の思想あり、これを検討論議してこそ、学術も社会も進歩することと存じ候、故に一の主義を奉ずるものも他の反対の主義を持つ者に対して尊敬を以て接し、堂々公明なる心持を以て論議すべきものと存じ候

惟うに尊台は憂国の純情を持たれ、現時の世相に慊焉たるものなることと察せられ候　小生元より一素町人に過ぎずと云えども国家を憂うるの点に於てはあえて人後に堕するを潔しとせざるものに御座候　尊台と一夕胸襟を開いて談じ思想傾向の相違点を談じ、つまらぬ誤解だけでもとりさることが出来れば双方のためかとも存ぜられ候

御社の三井君は、小生の学生時代の友人に有之、その後久しく御会い致さず候えども思想傾向の異なるとしても、小生の同君に対する友情は往昔と少しも変らざるもの有之久し振りにて一度会談し度しと存じ候　御支障なくば三人一度会談する機を得たきものと存じ候

右御挨拶まで　敬具［岩波 1998: 153–154］

岩波は自らの出版理念への理解を求めるとともに、『原理日本』の顧問的存在の三井甲之を「学生時代の友人」として、久し振りの会見を申し込んだ。

この会見は、すぐに実現した。会見の翌日、蓑田は次のように記した。

> 同氏の人間的率直は認むべきもその思想的無信念は批判したる通りでありまして、我等は所信意志の貫徹に向つて進む外ありません。〔蓑田 2004c: 230〕

会見による和解は不調に終わった。蓑田は岩波を無思想と断定し、批判を続けていく決意をした。戦後、岩波はこの時のことを回想している。

> 三井甲之君は往年僕の同学年の関係から同君の懇意である蓑田胸喜君を呼んで三人で築地の錦水で話し合ったこともある。誤解に基づいて無用の論議に短き人生の尊き時間をつぶすことは御互によくないと思いこの会談を試みたが結局その目的は達せられなかった。〔岩波 1998: 27〕

一九三九年以降、蓑田は岩波書店が出版した津田左右吉の著作をめぐって激しい批判を展開することになる。

筧克彦『神ながらの道』

一方で、岩波は一九三四年八月に筧克彦の『神ながらの道』を出版した。これは筧が皇太后に進講した内容をまとめたもので、友人の加藤完治の熱心な勧めによって出版することにした。

岩波は、内容見本に「頒布に際して」という一文を寄せ、次のように述べている。

> 郷党の先輩としてまた謹厳なる学者として吾人の畏敬してやまざる筧博士が神ながらの道を究明し、これこそ皇国本来の精神にして又同時に宇宙の真理なる所以を説く。惟ふに近時流行する偏狭固陋国際的にも通用せざる日本精神とは根本的に相違せるものならん。［岩波 1934d］

天皇・国家・臣民の一体性を強調した筧の思想は、岩波にとって偏狭な日本主義者のそれとは異なるものだった。ここでも彼は筧のナショナリズムに依拠しながら、同時代の「偏狭固陋国際的にも通用せざる日本精神」を批判している。

岩波は「一君万民」の国体を、リベラル・デモクラシーに引き寄せて理解していた。天皇の超越性を認めることで、すべての民が一般化されるという「一君万民」イデオロギーは、特権階級の政治・資本の独占を批判し、国民の平等を実現しようとする根拠となった。岩波は皇室を敬愛することで、万民の平等を構想した。そして、この理想は、松陰のナショナリズムへとつながっていた。

彼は言う。

吾人は(中略)光輝ある新日本の建設は天地の大道に背戻せざる皇国精神の発揚に他ならずと信ずるものである。[岩波 1934d]

岩波は常に「陛下の赤子」であると称していた[安倍 1957: 199]。そして、明治天皇を尊敬し、五箇条の御誓文を愛誦した。岩波のリベラリズムは、天皇主義ナショナリズムと密接不可分な存在だった。

美濃部達吉の天皇機関説

一九三五年に入ると、美濃部達吉の天皇機関説に対する批判が政治問題化した。美濃部は東京帝国大学教授で、一九三二年からは貴族院勅選議員となっていた。一九一〇年代には同僚で天皇主権説を唱える上杉慎吉との間で論争になり、天皇機関説論者の代表として知られるようになった。

一九三三年一〇月には『原理日本』(第九巻第八号)が「美濃部博士『憲法撮要』の詭弁詐術的『国体変革』思想――其学術的批判と処置要請」と題する特集を組み、美濃部を激烈に攻撃した。蓑田らは美濃部の学説こそ統帥権干犯問題の元凶だと批判し、権力に対して公的処分を求めた。さらに、彼らは一九三四年三月に『原理日本』(第一〇巻第三号)を「美濃部憲法抹殺号」として、批判を強めた。この年の三月一五日、一六日には「美濃部憲法抹殺学術講演会」を開催し、三井甲之、蓑田胸喜、菊池武夫(貴族院議員)が登壇した。

そして、ついに批判が国会の場に及び、一九三五年二月一八日に菊池が美濃部の学説を「緩慢なる謀叛であり、明らかなる叛逆になる」と批判して、議員辞職を要求した。二月二五日には美濃部が「一身上の弁明」として釈明の演説を行ったが、軍部や民間右翼の批判は鳴りやまず、四月九日、出版法違反で著書『憲法撮要』『逐条憲法精義』『日本憲法の基本主義』が発禁処分となった。美濃部は、九月一八日に議員辞職に追い込まれ、暴漢にまで襲われた。

岩波は、美濃部と大正期からの付き合いがあった。一九二四年四月一七日に美濃部が岩波に宛てた手紙が現存しており、一九三〇年には岩波書店から『現代憲政評論』が出版された。「岩波全書」の創刊時には『行政法Ⅰ』が出版され、両者の関係は強くなっていった。

美濃部に対する批判が高まる中、岩波は義憤に駆られ、「何処ででも、誰にでも遠慮なくこの事件について議論をしかけた」[小林 1963: 181]。しかし、メディアは美濃部を擁護しなかったため、彼は朝日新聞の読者欄に「危険思想」と題する論考を投稿した。

ここで岩波は、美濃部こそ「日本精神の懐抱者」であり、毅然として学説を曲げない様は「大和魂の発露ではあるまいか」と問いかけた。彼は偏狭な国家主義者を批判し、「皇国精神の偉大性の中には見解を異にする幾多の愛国者を容れて余りある」と牽制した。そして、次のように続けた。

忠君愛国は一部人士の専有物でなく全日本国民の光栄ある特権にして中外に誇るべき国民的

情操である。鍬を以て田を耕す農夫も剣を執つて戦場に臨む軍人と均しく忠良の臣民である事を忘れてはならぬ。憂ふべきは学説でなくして忠誠の念の欠如である。最も憎むべきは忠君愛国の美名に隠れて国民を惑はす徒輩である。

武力日本は文化日本と相俟つて国家を偉大ならしむる。私は憂国の志士の心事に敬意を表すると共に、学説を異にするも均しく陛下の赤子として互ひに敬愛し相携へて祖国日本の興隆に協力することを切望する。

皇道は天壌の無窮なる如く宏大無辺である。偏狭なる忠義観、固陋なる国体観を以て他を非国民扱ひにするが如きは最も恐るべき危険思想である。〔岩波 n.d.a〕

岩波は、美濃部をバッシングする狭隘な国家主義者を「忠君愛国の美名に隠れて国民を惑はす徒輩」と痛烈に非難した。そして、日本の皇道と国体は、学説の多様性への寛容にこそあり、「固陋なる国体観」で異なる思想を「非国民扱ひ」するような傾向こそ、「危険思想」であると批判した。

この投稿を知った小林は、掲載を止めるべく朝日新聞社へ行った。小林は「この原稿をのせぬように依頼し」、岩波の原稿は掲載前に没になった〔小林 1963: 181〕。

当時の朝日新聞社で対応にあたった嘉治隆一は、小林が投書の返却を申し出たのに対し、「投書は原則として返さないことになつて居り、採否は係りの意見に任されてゐる」と伝えたと回想している。しかし、それでも小林は引き下がらず「どうしても返してほしい」と願い出たため、特別の計らいによって返却したという[嘉治 1947]。岩波は、美濃部への激励の手紙を送った。美濃部は三月二三日付の手紙で、次のように返答している。

> 御手紙拝見　御厚情深く感謝いたし候　折角御起稿被下《くだされ》候に掲載せられざるは遺憾に候得共正しき言論に対する暴力の脅威　甚《はなはだ》しき今日の世相に於ては誠に不得已《やむをえざる》次第に存じ候。[岩波書店編集部 2003: 86]

ただ、一方で岩波も国家主義者たちからの攻撃を恐れたようで、岩波書店から出版していた雑誌『教育』に、執筆者の一人が天皇機関説を取り上げた原稿を寄せた際、「時節柄、天皇機関説排撃の反駁文を雑誌に掲載して頂かない方がよい」との見解を示した。彼は「近頃暴漢が私のところに幾人も来る。私は実はこはいのだ。あんな連中のそば杖を食つてはつまらんからナ」と漏らしたという[留岡 1947]。

欧米旅行

岩波は、この年一九三五年の五月五日、窮屈な日本から逃れるように欧米旅行に出発した。期間は約半年間で、一二月一三日に帰国した。

ヨーロッパへ向かう途中、上海、香港、シンガポール、ペナン、コロンボ、アデン、スエズ、カイロとアジア各所を経由した。この行程で彼が感じたのは、植民地支配されるアジアの苦境だった。彼は旅の記録に「東洋に於ける英国の勢力、上海の公園(支那人入るベカラズ)」とメモし、「印度人の独立希望」と記した[岩波 1935b]。岩波は言う。

私は日本人は今日の場合東洋に於ける自己の使命を確認しなければならないと考へます。東洋民族が白人種にしひたげられて居ることは人類全体の立場から見て甚だ不幸のことであり、世界の理想とする平和を確立する上にも甚だ悲しむべき出来事と思ふ。

第一段階として東洋民族を開発して白人種と平等の権利を得さしめるよう我日本は卒先しなくてはならない。これには何としても支那と親善関係を結ばなければならない。これを希望して実際に親善にならぬのは両国何れに責任があるか知らないが、私は日本にも責任なしと考へ得ざるものである。[岩波 1935b]

ここで彼が日中親善を基軸とするアジア主義を説き、日本側の責任に言及している点は重要である。帰国後、彼は積極的に中国からの留学生の支援に乗り出し、中国人知識人への援助を続けるが、この姿勢は具体的なアジア体験に依拠していたのであろう。

岩波はマルセイユから上陸し、翌日、パリに到着した。彼はパリを気に入り、訪問した都市の中

パリ，オデオン座前で

欧米二十余国を旅行する．1935年5月5日〜12月13日．靖国丸の甲板上で

ハイデルベルクの古城の前で

ロサンゼルスにて

モスクワ，トルストイの旧居前で

でも好印象を残している。その理由の一つが「国際都市だけあつて人種的偏見など少しもなく、気持がよい」ためであった。彼は黒人が白人と腕を組んで歩く姿を、好感をもって捉えている。

この後、ベルギー、オランダ、イタリア、スイス、イギリス、スウェーデン、ノルウェー、ドイツ、ポーランド、ソ連、フィンランド、チェコスロバキア、ハンガリー、オーストリアなどを訪問し、アメリカへ渡った。

ドイツではヒトラー政権下のベルリンで、ナチスの行く末に考えをめぐらせた。彼は「ヒットラー、ヒットラーのお蔭で混乱より統一へ向ひ国家が一つの歩みをとつて強力に動き出した」と一定の評価を与えたうえで、ナチスの政策を厳しく批判する。彼はユダヤ人政策を取り上げ、「これを続けることは結局ドイツを自滅に導くことになる」とし、「おもむろに人に知れぬやう方向転換することがドイツにとつて賢明なる策である」と指摘している［岩波 1935b］。

岩波にとってドイツは「学問の国、文化の先進国」として敬意の対象だった。しかし、ドイツはユダヤ人排撃という「反対の方向」に向かっており、自分たちの「宝」を自らの手で破壊していた。これは学問を破壊するだけでなく、「道義を無視することともなる」。ユダヤ人への排他的態度は、ドイツが歴史的に積み上げてきた英知を破滅に追いやる行為にほかならない［岩波 1936c］。

岩波はこのようなナチスの愚行と同様の傾向を、日本の中にも見出す。彼は「日本でも之に似た心理状態がないことはない」と指摘したうえで、社会全体に働く「附和雷同と言ふ心理」の危険性を警告している［岩波 1936c］。

ソ連では今後のスターリン政権について「将来恐るべし」との感想を抱きつつ、同様の革命は日本において必要ないとの見解を示した［岩波 1935c］。

岩波がソ連で驚いたのは、共産主義の不徹底だった。現実の社会は資本主義経済が浸透し、所得格差も公然と存在する。「宗教はアヘン」と言いながら、日曜日の教会には人だかりができている。彼らは「資本主義国家のいゝ所を採つて、それを独裁のやり方で実際に着々とやつてゐる」［岩波 1936c］。

> 共産主義などは夢の世界で日本へ持つて来ても勿論適用出来るものではない。現に露西亜でやつてゐることは資本主義と覚しき態度である。［岩波 1936c］

岩波はこのようなソ連の現状を見て、「日本の極右、極左の連中を国費を以てロシアを見学にやつたら宜い」と提案する。なぜなら、極左の人間は「自分達が思想の夢に酔つてゐたことに気が付」き、極右の人間はロシア人の勤労の姿勢を見て「幾分左に転向して帰つて来ると感じた」からである［岩波 1936c］。

岩波にとって、マルキストも国粋主義者も、ともに極端である点において、現実から遊離した夢想主義者にすぎなかった。彼は日本におけるソ連への礼賛も罵倒も慎重に退け、リアリズムの観点から極論を排した。

一ツ橋事務所の帰朝出迎え風景

アメリカでは、国民が「快活」で「表裏ない姿に感銘を受け、「私は米国の国民性を愛する者であります」と記している。彼は「日米開戦の如きは我々の常識としてはほとんど考へられぬこと」とし、アメリカこそ「世界に於ける恐るべき将来を持つ国民の一つと思はれます」と述べている［岩波 1935b］。

岩波は旅を通じて、日本人としての誇りを感じ、肩身の狭い思いをせずに済んだのは「一に武力日本のお蔭だと軍人諸君に感謝して居る」としている。しかし、「武力日本が世界の第一線に立つたからと云つて凡ゆる点で一等国の資格を得たと考へるべきではない」と述べ、今後は「文化的、或は産業的方面に於もこの大和魂が発揮されなければならぬ」と説いている［岩波 1935b］。

また、日本は「島国根性」によって「気宇が狭小でゆとりがなくせつかちで思ひつめる」傾向があり、「遠大恒久の心に乏しい」面があると指摘する。そして、このような性質は数々の言論弾圧に現れていると指摘したうえで、次のように述べる。

極右極左の思想の如きもやはりこの小さい心の思ひつめから来たるように思へる。広く知識を世界に求め、遠くさかのぼりて歴史的に社会の発展を知れば自分一個の考へることのみ真理であつて他はことごとく不合理と考へるやうな誤りに陥ることはなからうと思ふ。［岩波 1935b］

岩波は日本人の精神を「明治大帝の御誓文の精神によつて解釈すべき」と指摘し、「偏狭固陋なる解釈」をする者こそが「不敬の徒」であり、「国運の進展を妨げるもの」だと断罪する。そして日本の発展のためには「言論の自由を与へ個性を尊重することが絶対必要条件である」と述べ、リベラリズムの死守と国体の順守を融合させる［岩波 1936b］。

さらに、岩波は旅から得た教訓として、全体主義や共産主義の「独裁」は、日本に必要ないと明言する。そして、思い詰めたうえでの暴力行為こそが「国家をあやふくする」と指摘し、日本における右翼・左翼両者の暴力革命を拒絶する。

岩波は言う。

日本国は国民性の上より考へてみても漸進的国家の革新をうながして理想の実現を期し得ることが出来ると思ふ。
残忍性を持つ外国の革命の如きは日本には絶対不必要と確信するものである。〔岩波 1935b〕

岩波の世界旅行は、彼のナショナリズムを強化した。しかし、その愛国心は中国との親善と国民主権の確立を基礎としたアジアの連帯意識へと繋がり、人種差別への嫌悪感と密着した形で表象された。また、ナチスドイツやスターリンのソ連を垣間見たことによって、独裁体制への懐疑を深め、日本での排他的言説への警戒と暴力革命の不必要を確信した。彼は日本の伝統に依拠した漸進主義的改革を志向し、極端で排他的な言論統制を牽制した。

この旅を通じて、岩波はリベラル・ナショナリズムとアジア主義的志向性を強化した。彼は共産主義だけでなく、ファシズムからも距離を取り、自由と寛容に基づくリベラリズムへの確信を強めた。彼にとって重要だったのは極論を排したバランス感覚であり、その英知を歴史的・社会的経験知に求める姿勢だった。しかし、この穏健な態度は、時代から排撃され、さらなる厳しい批判にさらされる。

反ファシズムの戦い

一九三六年に入ると、二・二六事件が起こった。青年将校による軍事クーデターが失敗に終わったことで、治安維持権力は一層、肥大化した。

岩波は二・二六事件を起こした青年将校に対して批判的だった。彼は二・二六事件を「空前の不祥事件」と表現し、事件の発生を「実に遺憾至極である」と述べた[岩波 1937a]。岩波は言う。

非常時は対外的にではなく寧ろ内部に存することを余は以前から考へてゐた。国民が徒らに驕慢に流れて自省の念を失ひ、ややもすれば排他的に、且つ著しく不真面であり、謙譲融和の徳を欠くが如きは、これ即ち非常時の相でなければならない。かくて国を危くするものは外敵でなくて内患である。[岩波 1937a]

彼は非常時においてこそ議会制民主主義を擁護し、暴力的クーデターやファシズムの待望論を批判しなければならないと主張する。

各種の新勢力のうちには党弊に失望する余り議会政治を否定せんとする者あれどこの点に関して私は青年将校一派と根本的に所見を異にするものである。特殊国の非常時に止むを得ず選ばれしフアッシヨ政治の如きは我国に於ては断乎として排撃せねばならぬ。明治大帝の御誓文を体して民意暢達の立憲政治を擁護することは君国に対して忠誠なる日本国民の最高義務であ

らねばならぬ。［岩波 1937b］

岩波は繰り返し、明治天皇による「五箇条の御誓文」に言及し、これを「日本国民の最高義務」とすることで、ファシズムを批判した。彼は国粋主義者による言論統制を「伝統を無視するの愚」と指摘し、彼らの偏狭な態度こそが排外主義や独善主義を拡大させる「害」であると批判した［岩波 1936d］。

彼にとって、「広く会議を興し、万機公論に決すべし」の精神こそ「日本の伝統」だった。明治天皇が宣布した精神を踏みにじる反伝統主義者こそ、偏狭な国粋主義者にほかならなかった。そして、この頃から店主室に「五箇条の御誓文」を張りだし、店の内外にアピールした。来客があると、よく御誓文を指さして、「この精神さえ失わなければ、日本は大丈夫なのだが、今の政治家や軍人や実業家は、すっかり忘れている」と語った［小林 1963: 276］。

彼は「信州の青年諸君へ」と題した文章で、「日本国を愛せよ」と説き、次のように述べる。

今日の日本は鎖国日本に非ず、国際日本である。古今東西に通ずる原理を以て興国精神とせねばならぬ。一部人士の主張する偏狭固陋なる日本精神の如きは真の日本精神に非ずして反つて国家に禍ひするものである。青年は須らく明治大帝の御誓文に従つて興隆日本のために努力しなくてはならない。［岩波 1936e］

彼にとっての「愛国」は、エスノセントリックで内向きな排外主義ではなく、「古今東西に通ずる原理」と接続した「興国精神」だった。

さらに彼は、治安維持法のあり方に対して、新聞紙上で批判を展開した。そこでは法の順守を前提としたうえで、治安維持法制定時に懸念された政治・結社・表現の自由の抑圧が、現実として起こっているのではないかと問題提起した。彼は、法を適用する側が「その適用範囲を充分考へ法律の精神を生かす事が必要」と指摘し、恣意的な権力の行使を批判した［岩波 1937c］。

岩波は一九三七年の元旦に、年頭のあいさつを各所に送っているが、そこで次の五点こそが「今日日本にとつて最も必要」であるとしている。

一、満洲国の王道楽土の建設に専念助力して三千万の民を喜ばしめ我国の意図の侵略的に非ざることを中外に明示確認せしむること
二、あくまで平和的手段を以て不合理なる障壁の撤廃を世界に提議し天地の公道に立つて勤勉進取の我が国民の新興勢力を扶植拡張する所以の道を講じること
三、日支親善提携して東洋文化と実力を向上せしめ東洋民族を白人の繋縛より解放する機運を促進すること
四、不可侵条約を締約して日露条文の真意を示し日独協定に対する世界の誤解を一掃すること

五、言論を自由にし学術を尊重し研究を奨励し、文化日本の世界的水準を高めること〔岩波 1937d〕

岩波はこの目標に従い、「帝国の臣民として陛下の赤子として吾人は出版道に精進して奉公の微衷をつくしたいと思ひます」と述べている〔岩波 1937d〕。

彼は愛国と国体を再定義することによって、狂信的な国粋主義者を討とうとした。『社会教育新報』から「青年に要望せられること」を問われた時、次のように答えている。

天地の大道に生きよ。
国を愛せよ。
身辺の義務を尽せ。〔岩波 1937e〕

岩波は熱烈なパトリオットとして振る舞うことで、排外主義者を牽制した。しかし、岩波の愛国は、微温的なものとして非難の対象とされた。「愛国」をめぐる闘争は、ますます厳しい状況に突入していった。

日中戦争への批判と苦境

一九三六年一二月一二日、西安事件が起こった。蔣介石は張学良らによって監禁され、内戦停止と抗日戦の遂行を要求された。周恩来の調停によって蔣は釈放され、第二次国共合作による抗日民族統一戦線の結成に至った。

岩波は蔣介石によって中国が一つにまとまることを期待した。そして、日本が蔣の敵対勢力の支援に回ることを批判し、「怪しからんことだと憤慨していた」［小林 1963: 203］。そのため、蔣が無事だとの知らせが入ったとき、「本当に好かつたね。無事だと聞いて僕は安心したね」と言った［斎藤 1947］。

岩波はこの頃から、店主室に広田弘毅が書いた「興亜」という額と孫文の写真を掲げた。そして「ぼくは日本人として中国のためになにか一つでもいいことをやりたい」と言い、中国の大学への図書の寄付を計画した［小林 1963: 206–207］。

しかし、そんな矢先に日中戦争が勃発した。一九三七年七月七日に盧溝橋事件が起こり、政府の不拡大方針に反して、戦況は拡大していった。

岩波は憤った。彼は「いらいらし、人に会うごとに日本のやり方を非難した」［小林 1963: 207］。岩波は「満洲事変にも支那事変にも絶対反対であつた」［岩波 1946a］。ある時は、近衛文麿首相と面会し、蔣介石と直接会って話し合うべきだと進言した。一九三八年一月一六日、近衛首相によって「帝国政府は爾後国民政府を対手とせず」という声明が出され、蔣との交渉のチャンスを失うと、「近衛は弱くて駄目だねえ」と嘆いた［小林 1963: 207–208］。

岩波は、日中戦争中、常に「軍部は有史以来の大悪事を働いている」と繰り返した。軍部への献金を求められると、「中国を傷つける行動にビタ一文でも出すことは出来ない」と言って、拒絶した[小林 1963: 216]。親しい人には「支那は日本の恩師である、師を討つと云ふ法があるか、俺は始めから反対だよ」と語った[原田 1947]。

ただ、このような姿勢は、当時の文章に、直接的には表れていない。一九三八年の年始の挨拶では、戦地の「同胞」に対して「その高貴素朴なる姿を遥に想望し私は深き感謝感激に打たれます」としたうえで、「幾多将兵の量り知れぬ尊き犠牲によつて精鋭比類なき皇軍の真価は完全に発揮され、国威は中外に発揚されました」と述べている。また、日中戦争によって「武力日本の世界的地位は愈々確乎たるものになりました」と言い、「東洋の盟主」としての日本の役割の重要性を説いている[岩波 1938b]。

言論統制の波は、岩波の身にも確実に押し寄せていた。日中戦争についての彼の言論は、及び腰であり、自主規制が働いている。身近な人たちの回想と当時の彼の文章にはギャップがある。彼もまた当時の空気の中で、右翼勢力の攻撃を警戒するようになっていた。

岩波は「出版を業務とする帝国の一臣民として、出版道を通じ、文化日本を武力日本の位置に迄向上せしむべく微力の全てを捧げ以て君国に報じたいと思ひます」と述べ、出版社としての役割を強調した[岩波 1938b]。岩波が力を入れたのは中国の古典の出版だった。日中戦争を批判する書物の出版が難しい状況下で取り組んだのは、中国古典の出版によって日本人の中国蔑視を除去させる作業だった。彼は中国の現実の一部をデフォルメしたうえで、矮小化した中国観を抱く危険性を指摘し、「其悔を後世に遺すものとなる憂ひがある」と論じた〔岩波 1938c〕。

しかし、それでも言論統制は続いた。岩波は次のように言及し、権力に対して苦言を呈した。

古典の研究といふ事の意義はかくして益々重要事となるのである、今日本に於ても独逸や伊太利の如く各種の統制が行はれて居るが紙の統制を出版に及ぼす場合古典に関する限りその重大意義を認めての上で適切に実施さるべきである。言論の自由といふ問題につき御役人の御心配もさることながら吾々の立場から云へばも少し国民を信用してほしいと思ふ。〔岩波 1938c〕

岩波は知人に対し「日本は国家として数々の好もしからぬ所業を中国と中国人とに対して犯してゐるから、自分は個人的な力の及ぶ限り、その埋め合せになることをするつもり」と語り、「個人として国の罪滅しをするつもりであるから、中国関係のことで自分に出来ることがあったら、何でも知らせてほしい」と言ったという〔嘉治 1947〕。

岩波は中国人・朝鮮人の学生に対する資金援助を積極的に行った。その中の一人に王鳳鳴がいた。彼は日本生まれの華僑で、一高から東大に入った秀才だった。王が店主室を訪ねると、岩波は言った。

「日本は誤つてゐる。蔣さんは日本とかうなることは決して望んでゐないよ。日本自身で蔣さんが米国と手を結ばなくてはならないやうに追ひ込んで了つたのだ。蔣さんは本当に気の毒だ」[王 1947][安倍 1957: 361]

王はこの言葉を聞いて「私達中国学生の聞きたかつた言葉は、これ以上の何ものでもありませんでした」と心から喜んだ[安倍 1957: 361]。

岩波は、日中戦争時に北京大学文学部長を務めていた銭稲孫と親しく付き合っていた。銭は慶應義塾大学を卒業した日本文学研究者で、万葉集の翻訳などを手掛けた。彼は北京図書館長時代に書籍のやり取りを通じて岩波と交流を深め、来日の度に岩波書店を訪問した。

岩波は、銭の長男・端仁の日本留学を支え、自宅に下宿させた。彼は高等師範学校を経て東北帝大理学部を卒業し、岩波の妻の姪・時子と結婚した[安倍 1957: 364]。

一高から京都帝大卒業まで学資援助した胡朝生は、一九四四年の大学卒業時に岩波に書簡を送っている。彼は岩波に対する「筆舌に現し難い有難さ」を述べたうえで、次のように言う。

私の心を最も暗くする事は今尚《なお》大陸に於て血泥《ちみど》ろの戦ひを続けてゐる実状であります。雖《たと》ひ身は技術屋であらうとも真の日華友好の為なら身心を投出してもやる固い決意を持つて居ります。現地に於て最も私の如き中間的立場にある特殊な者が必要だらうと思ひます。[岩波書店編

集部 2003: 199〕

六高から東京帝大法学部に進んだ任文桓は在学中、岩波書店に非常勤の形で勤務した。彼は一九三五年に卒業し、朝鮮京畿道庁に入って活躍した。彼も書簡の中で岩波に対し感謝の念を述べ、朝鮮と自己の未来に対する「希望、危惧、決心」が混在する「複雑な気持」を率直に綴った〔岩波書店編集部 2003: 91-93〕。

岩波が交流を深めた在日中国人に郭沫若がいた。彼は一九一四年に留学し、六高から九州帝大医学部に進学した。在学中は文学活動に励みつつ、次第に母国の政治にも強い関心を示した。その後、国民党に参加するが、蔣との対立により、一九二八年日本に亡命した。千葉県市川市に拠点を置き日本人と結婚すると、中国史研究に明け暮れる日々を送ったが、日中戦争が勃発すると、妻子を置いて帰国し国民政府に参加した。

岩波はすぐさま郭の家族のもとに駆けつけ、経済的な支援を申し出た。子供たちの学費は卒業まで岩波が負担した〔小林 1963: 212-213〕。

台湾の活動家・蔡培火とは矢内原忠雄の紹介で知り合った。岩波は日中親善論で意気投合し、言論活動を支えた。日中戦争勃発時には『東亜の子かく思ふ』を岩波書店から出版し、日本人に対して「中国の主権を尊重」すべきことを訴えた〔蔡 1937: 226〕。

蔡はこの本が問題視され、杉並警察署に留置された。岩波は全力で釈放につとめ、蔡が新宿で開店した台湾料理店の保証人になった[矢内原 1947]。

矢内原忠雄の辞職

世の中の言論統制は、益々厳しいものになっていった。一九三七年一一月、岩波は『日本読書新聞』に「文化時評・統制に堕せる新聞」を発表し、果敢に問題提起を行った。

彼は「近頃の新聞紙が統制に堕して批判の公正と報道の正確に欠くる所あるは拒み難き事実である」とし、次のように論じた。

> 新聞人の国家に忠誠を尽す所以の道は理性と良心を堅持して何物をも恐れず公論正議をなす所にある。国家の偉大性は之に種々の主義主張を包容する所にある。私は極端に統制化された単調一色の新聞紙面よりも堂々たる論陣の下に戦争論、平和論剣戟相磨し火花を散らす裡に颯爽たる興隆日本の雄姿を仰望せんとする者である。最近シヤハトの辞職はナチス統制強化の徴とみて友邦独逸のために悲しみに堪へない。露・独・伊に学ぶ所なしと云はぬが言論に関する限り、彼等の統制に倣はずして英・米・仏の自由を範とすべきである。[岩波 1937f]

岩波は萎縮する新聞メディアに不満を持った。そして、多様な思想や意見を包容することのできない国家に対して憤った。そして、見習うべきはイギリス・アメリカ・フランスの自由主義であり、ソ連・ドイツ・イタリアの全体主義に傾斜してはならないと主張した。

このような中、東京帝大教授の矢内原忠雄は、『中央公論』一九三七年九月号に「国家の理想」と題した論考を書き、日本国家のあり方を堂々と批判した。彼は国家の本質を「理想としての正義」に置き、その観点から現実の国家を批判した。そして帝国主義的戦争へと突き進む日本のあり方を批判し、「正義と平和とこそ国家の理想である」と説いた。すると、この論文は即座に削除処分を受け、矢内原に対するバッシングが強まった。

矢内原忠雄

矢内原の言論は、すでにこの年の初めから蓑田胸喜の批判対象となっていた。『原理日本』一九三七年一月号(第一三巻第一号)では、蓑田が「矢内原忠雄氏の神話思想と時事批判との不実無根」と題した論考を発表し、攻撃を開始した。同年一〇月・一二月には、二号にわたって「矢内原忠雄氏の反軍反戦思想と植民地放棄論」と題した批判が掲載され、矢内原を追い詰めていった。蓑田は「矢内原東大教授の思想の如きを著書論文にまた帝大の講義にこれ以上放任するといふことは、政府と共にわれら全国民の重大なる不忠の罪であ」ると断罪し、「戦死者の生ける霊の神威を畏み恐れしめらるる」と述べた[蓑田 2004c: 332]。

『原理日本』の攻撃が続く中、一一月二四日の東京帝大経済学部の教授会では、学部長の土方成美が『中央公論』掲載の「国家の理想」を取りあげ、東大教授としての適格性に疑義を呈し、その是非を教授会に付議すると提案した。これを受けて、矢内原は一二月一日に、大学に辞表を提出し、翌日、依願免官となった。

岩波書店は、一九二八年の『人口問題』以降、『帝国主義下の台湾』(一九二九年)、『満洲問題』(一九三四年)、『南洋群島の研究』(一九三五年)、『民族と平和』(一九三六年)と矢内原の著作を出版していた。岩波は矢内原の辞職を聞くと、即座に研究室を訪問し、「本当に言いにくそうな恥しそうな調子の低い声で」、次のように言ったという。

自分が毎年学問もしくは芸術の為に節操を守った人少数に感謝の意を表すため少しの金を贈ることをしているが、どうかそれを受取ってくれないか[矢内原 1947]

岩波は研究室を訪問する前に、矢内原の自宅を訪れ、妻に金一封を手渡した。矢内原の妻は感激し、以来、岩波の「ファンの一人」になったという[矢内原 1947]。

しかし、矢内原への攻撃は止まらなかった。一九三八年二月二三日、『民族と平和』が発禁処分となり、岩波は警視庁に呼び出され、取り調べを受けた[岩波書店 1996: 167]。この件で、矢内原は約五カ月後の七月二一日に出頭を命じられ、警視庁で事情聴取された。翌日、岩波に書簡を送り、「私としては鬼が出ても蛇が出ても覚悟の前の事に御座候も貴台に対しては本当に御気毒にて御迷惑を相かけ何とも恐縮千万、言葉を知らず候」と気遣っている[岩波書店編集部 2003: 109–110]。

連続する出版統制

同年一月には、作家の中野重治から一通の手紙が届いた。日本共産党員だった中野は、一九三二年に逮捕され、三四年に出所したのちに、岩波文庫から『レーニンのゴオリキーへの手紙』(一九三五年一月)を出版していた。しかし、一九三五年の一二月に執筆禁止が命じられ、表現の手段を失っていた。

この時の手紙には、「私を、あなたの所で、文学者としてゞなく、使つて頂けまいか」と書かれており、「生計の道を得」るために、書籍・雑誌の編集や翻訳の仕事を担当させてほしいと記されていた。中野は言う。

もし私をお使ひ下さるとすれば、以上の中、或はその他の、どういふ仕事でも無論結構なのでありますが、特殊の責任ある編輯、広告文など以外の特殊な文章の執筆などは、なるべくならば避けたいと希望するのであります。それは、お使ひ下さいとお願ひする原因の一つが、所謂執筆禁止の事に関係して居る以上、あなたの所での私の仕事が何かの色眼鏡を通して見られ、その結果、あなたの所へ少しでも御迷惑をおかけするやうな虞《おそ》れのあることは、絶対に避けたいと考へますからであります。なほ、お使ひ下さる場合の形式については、一人の勤め人として勤務する様な形が望ましいのですが、それでなく、何か仕事を与へて下さるといふ形でも、勿論《もちろん》結構なのであります。［岩波書店編集部 2003: 103–104］

しかし、中野の岩波書店での仕事は実現しなかった。統制と弾圧が出版社にも執筆者にも容赦なく襲いかかり、あらゆる分野の表現活動が疲弊していった。

同年二月五日には大内兵衛『財政学大綱』（一九三〇年六月刊行）に休版命令が出され、二月七日には岩波文庫の社会科学系書目に対して増刷中止命令が下された。結果、マルクスの翻訳書をはじめとする共産主義関係の書物は増刷を見合わせることになり、単行本でも美濃部達吉や矢内原忠雄、野呂栄太郎、平野義太郎らの著作が自発的休刊に追い込まれた。

三月一五日には、天野貞祐『道理の感覚』（一九三七年七月刊行）が、憲兵隊からの介入によって絶版になった。天野は当時、京都帝大の学生課長を務めていたが、京大配属の将校から「軍事教練」に関する記述に問題があると指摘され、自発的に絶版を申し出た。天野は岩波宛書簡の中で、苦悩を綴りつつ、「私もいづれは大学を止めねばならぬ時が来るかと覚悟してをります」と述べている［岩波書店編集部 2003: 105–106］。

一一月一六日には、田山花袋『蒲団・一兵卒』（岩波文庫）に対して、「軍人侮辱であるとの理由」で削除処分が下った［岩波書店 1996: 177］。一九三九年一月一八日には河合栄治郎・蠟山政道『学生思想問題』（一九三二年五月刊行）について内務省検閲課から取り調べを受けた。一月二七日には芥川龍之介『侏儒の言葉』が改訂処分を受け、四月二四日には徳冨蘆花『自然と人生』に削除処分が下された。

岩波は不愉快で仕方がなかった。しかし、検閲への不快感もさることながら、権力への追随を平気で行う同業者に対しても嫌悪感を抱かざるを得なかった。

彼は次のように回想する。

> 当時情報部が出来、陸軍の将校など時勢に乗じ随分勝手なことをしたものだ。平素文化のためなどと口癖にいっている出版業者がこういう不届者の御機嫌をとることを怠らなかった。用紙を欲しいために相当世に認められたところまでもその意を迎えることに汲々とした。［岩波 1998: 23–24］

この当時、言論統制を進める側では「新聞の朝日、学校の一高、本屋の岩波を退治せねばならぬ」と考えられていたという［岩波 1998: 24］。

岩波は時代の逆風の矢面に立たされることになった。

「岩波新書」とアジア主義

そんな中、岩波は世の中に対して一矢を報いようとした。日中戦争がはじまったころから、一九三七年に入店した吉野源三郎を中心に新しい叢書の出版が企画されていた。岩波文庫が古典を扱っているのに対し、叢書は「時勢に関係ある」ものにしようという意見が出た[小林 1963: 217]。

この企画立ち上げに参加した小林は、次のように回想している。

現在中国にはたくさんの日本の青年がいって戦っている。今後も更にたくさんの若者がいくであろう。しかしそれらの人々は、ほとんど中国についての知識をもっていない。古い歴史も知らなければ、中国と日本との関係も知らない。明治時代のそのままの、誤って教えられた中国観では今の中国を理解出来ない。また国内の人々に対しても同じことが考えられる。この叢書には、中国を理解するに役立つものをたくさん入れよう。これらのことは私たちの間ではほとんど議論の余地のないような事柄であった。[小林 1963: 217]

岩波もこの意見に賛成し、計画は進んだ。叢書の名称は「岩波新書」とすることに決定した。一九三八年の春から著者への原稿依頼をはじめ、同年一一月に「岩波新書」は創刊された。

岩波は、「岩波新書を刊行するに際して」という文章を発表し、冒頭で次のように述べた。

天地の義を輔相して人類に平和を与へ王道楽土を建設することは東洋精神の神髄にして、東亜民族の指導者を以て任ずる日本に課せられたる世界的義務である。日支事変の目標も亦茲にあらねばならぬ。世界は白人の跳梁に委すべく神によつて造られたるものにあらざると共に、日本の行動も亦飽くまで公明正大、東洋道義の精神に則らざるべからず。東海の君子国は白人に道義の尊きを誨ふべきで、断じて彼等が世界を蹂躙せし暴虐なる跡を学ぶべきでない。［岩波 1938d］

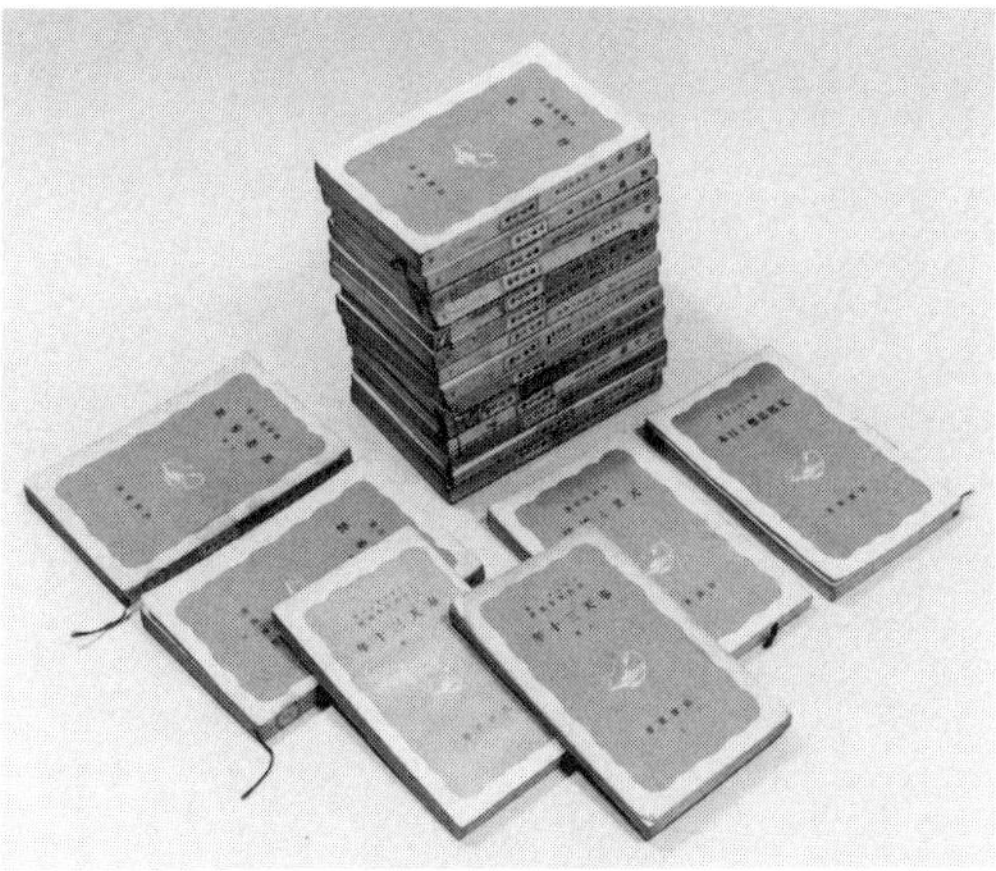

日中戦争を契機に企画された「岩波新書」の創刊．1938年11月．第1回はこの20点を同時発売

ここで表明されているように岩波新書は、日中戦争へのリアクションとして創刊された。岩波は、日本の帝国主義化を牽制し、世界を蹂躙するような暴虐を働いてはならないと警告した。

「岩波新書」の創刊は、日中戦争を人類の平和や東洋精神の実現の方向へと回路づけようとする岩波の意図を強く反映していた。新書の企画には三木清も参加していたが、彼もまた同時期に昭和研究会の「東亜協同体論」を牽引し、思想戦を闘っていた。「岩波新書」は、三木の構想と接続するアジア主義の発露として産声を上げた。

ここでも岩波は、同時代の言論統制に対して、厳しい批判を展開する。

明治維新五ケ条の御誓文は啻に開国の指標たるに止らず、興隆日本の国是として永遠に輝く理念である。之を遵奉してこそ国体の明徴も八紘一宇の理想も完きを得るのである。然るに現今の情勢は如何。批判的精神と良心的行動に乏しく、やゝともすれば世に阿り権勢に媚びる風なきか。偏狭なる思想を以て進歩的なる忠誠の士を排し、国策の線に沿はざるとなして言論の統制に民意の暢達を防ぐる嫌ひなきか。これ実に我国文化の昂揚に微力を尽さんとする吾人の窃に憂ふる所である。吾人は欧米功利の風潮を排して東洋道義の精神を高調する点に於て決して人後に落つる者でないが、驕慢なる態度を以て徒らに欧米の文物を排撃して忠君愛国となす者の如き徒に与することは出来ない。近代文化の欧米に学ぶべきものは寸尺と雖も謙虚なる態度を以て之を学び、皇国の発展に資する心こそ大和魂の本質であり、日本精神の骨髄であると信ずる者である。［岩波 1938d］

続けて岩波は、自分が「明治に生まれ、明治に育ち来れる者である」ことを強調する。そして、日中戦争の惨禍の中で「明治時代を追慕し、維新の志士の風格を回想するの情切なるものがある」と述べる［岩波 1938d］。

岩波はここでも、明治の国民主権ナショナリズムを昭和のウルトラナショナリズムに対峙させることで、問題をあぶりだそうとしている。明治の愛国のあり方を想起し、維新の志士を回想することによって、同時代の偏狭な国粋主義を解体しようとしている。

彼はこの文章を次のように締めくくる。

> 曩に学術振興のため岩波講座岩波全集を企図したるが、今茲に現代人の現代的教養を目的として岩波新書を刊行せんとする。これ一に御誓文の遺訓を体して、島国的根性より我が同胞を解放し、優秀なる我が民族性にあらゆる発展の機会を与へ、躍進日本の要求する新知識を提供し、岩波文庫の古典的知識と相俟つて大国民としての教養に遺憾なきを期せんとするに外ならない。古今を貫く原理と東西に通ずる道念によつてのみ東洋民族の先覚者としての大使命は果されるであろう。岩波新書を刊行するに際し茲に所懐の一端を述ぶ。［岩波 1938d］

岩波はこの頃、長田新に対して「君、僕の愛国運動の仲間入りをしないかね！」と言い、「どんな愛国運動を始めたのか」と問われると、「今度岩波新書といふものを出すことにした」と答えたという［長田 1947］。岩波にとって新書の出版はリベラル・ナショナリズムとアジア主義の接合点で構想されたものだった。

岩波は、新書の創刊第一冊をクリスティー『奉天三十年』（上・下）とした。著者は奉天（瀋陽）に伝道医師として居住したスコットランド人で、中国人から厚い信頼を集めた宗教家だった。『奉天三十年』はクリスティーの自伝となるもので、日本による満州事変・満州国建国に対して批判的な見解を綴っていた。岩波はこの翻訳を矢内原忠雄に依頼した。ここに覚悟と心意気が表れているといえよう。「岩波新書」の創刊は、不愉快な時代に対する明確な挑戦だった。

岩波にとって王道楽土建設を叫びながら「満人を同胞視せず」、ただ「天照皇太神宮を移し祭って事足れりとして居る」日本人は嫌悪の対象だった。彼は同胞に対して、イギリス人の中にも人類の理想に向けて「満人のため一身を犠牲にしている崇高な者のいること」を示し、日本人の中国に対する横柄な態度への警告を発した[岩波 1998: 21]。

岩波は言う。

奉天の聖者クリスティの如きが日本人より続出する事を希望して止まないのであります。

[岩波 n.d.b]

岩波は、『奉天三十年』を石原莞爾に送った。すると、石原から一九三九年二月二七日付で、次のような返信があった。

先日奉天三十年頂戴致し候ところ実は先年衛藤氏の満洲生活三十年を一読致せし為め今日迄其儘《そのまま》に致し居り候　今度二三日の旅行に携帯　真に感激新《あらた》なるもの有之《これあり》　此処に重ねて厚く御

礼申し上候

せめて〔満洲〕協和会会務職員が協和主義の伝道者となつて呉れたなら新東亜建設の曙光も見得るならんにと嘆息禁じ難《がた》き次第に御座候

新書の数冊皆誠《まこ》とに面白く拝見御事業を感嘆するにつけても満洲青年に適切なる読物を速《すみやか》に提供したき情一層切々たるもの有之候〔岩波書店編集部 2003: 117–118〕

一方、岩波新書の刊行を自らへの挑戦と受け取り、批判を展開したのが蓑田だった。彼は岩波が創刊に際して記した文章を読み、「暗に我等の帝大反国体学風に対する学術維新の運動を誹謗し」ていると捉えた。そして、岩波が「東洋道義の精神」や「東洋精神」を宣揚する点を取り上げ、「日本国体日本精神を蔑視して」いると攻撃した〔蓑田 2004b: 807〕。

また、天津に駐在する憲兵から激昂した手紙が届き、「ただでは置かぬと威かされた」という。この時は「実のところ怖ろしかった」と回想している〔岩波 1998: 27〕。

しかし、岩波は怯まなかった。彼は強固な意志をもって信念を貫き、リスクを負いながら果敢な批評を発し続けた。

第四章　戦い（一九三九―一九四六）

回顧30年感謝晩餐会の席上で，岩波の挨拶.
1942年11月3日

津田左右吉『支那思想と日本』

一九三九年に入ると、蓑田胸喜と『原理日本』一派の攻撃は、次第に津田左右吉に向けられた。津田は岩波書店から『神代史の研究』(一九二四年)、『古事記及日本書紀の研究』(一九二四年)、『日本上代史研究』(一九三〇年)、『東洋思想研究』(編著、第一巻:一九三七年、第二巻:一九三八年)、『蕃山　益軒』(一九三八年)、『儒教の実践道徳』(一九三八年)、『支那思想と日本』(一九三八年)を出版していた。

『支那思想と日本』は「岩波新書」創刊の一冊として出版されたが、この書籍に関して、蓑田は当初、「大体に於いて正しい所論」と一定の評価をしていた。『支那思想と日本』で津田は、日本と「支那」が一貫して別々の文化と民族性を形成してきたことを主張し、「東洋文化」が如何に実体のない概念かを強調した。彼は「支那」の思想・文化に対する厳しい評価を下し、「支那」的な考え方から日本は一刻も早く抜け出すべきことを力説した。

蓑田は、津田が示した見解に「合致する節あるを認めた」[蓑田 2004b: 807]。彼は津田の中国批判については同意した。しかし、「東洋」という観念を否定する議論には与せず、むしろ日本文化の中にこそ東洋が生きていると主張した。彼にとって日本文化こそが東洋精神を体現しており、日本文化の昂揚こそが重要な意味を持っていた。

蓑田は『帝国新報』一九三八年一二月二〇日号に「岩波茂雄氏に与ふ」を掲載し、岩波を厳しく批判した。これに対し岩波は一二月三〇日、蓑田に対して次のような書簡を送った。

津田博士は其人格並学識に於て官学にも得られざる立派な学者と平素私は尊敬して居たが、計らずも貴下の支持を知り衷心愉快に不堪。

君国に忠誠を尽す所以の途は必ずしも一ならず、各自その所信に従ふべきのみ、猥りに自己を立て他を排すべきにあらず、皇国に生をうけし一人として私も忠誠の至情に於て敢て人後に落つるを潔とせざるものである、此点貴下と恐らく共通ならん、たゞ国家に尽す方途に於て貴下と共通ならざる点あるを悲しむ。

貴下が世の非難を無視して信念を実現する雄々しき態度に敬意を表す。迂生も亦一素町人ながらも所信に生きん事を願ふ、私利私闘排す可し、曲学阿世は吾等共同の敵也、去私則天の心を以て劒戟相磨す火花の中に興隆日本の颯爽たる英姿を想望するを得む。貴下いよく〳〵戦へ、迂生も亦所信に従ひ君国の為めに尽さん。迂生の出版態度については拝眉教を受くる事あらん。

［蓑田 2004b: 807］

岩波は同じナショナリストであることを強調し、蓑田との和解を模索した。彼は「曲学阿世」の人間こそ共通の敵であると強調し、国家への献身的態度を共有しようと訴えた。

しかし、蓑田は岩波からの歩み寄りを拒絶した。彼は『原理日本』一九三九年四月号(第一五巻第四号)に「日本精神と東洋思想——再び岩波茂雄氏に与ふ」を掲載し、痛烈な岩波批判を展開した。蓑田は岩波から届いた書簡を引用したうえで、「忠誠の原理」や「至情」「所信」の思想原理が不明確だと攻めた。蓑田の見るところ、岩波の愛国はどこまでも抽象的で、具体的価値の表出が伴っていない。そのため、「無思想の闘争心理」のみが旋回し、マルクス主義関係の書物を出版するような反国体的行為に及ぶことになっている。さらに美濃部達吉や矢内原忠雄の著作を進んで出版し、「暴悪妄論」の拡散に力を貸している。これこそが「商業政策による「曲学阿世」の実証」に他ならない[蓑田 2004b: 812–814]。

二人の対立は、これまで以上に深いものになった。蓑田は岩波書店を徹底的に攻撃するべく、新たなターゲットを探した。

そして、狙いを定めたのが、津田左右吉の著作だった。

津田事件

『原理日本』は一九三九年三月号(第一五巻第三号)と四月号(第一五巻第四号)に松田福松の「津田左右吉氏の東洋抹殺論批判」(上・下)を、同四月号には高橋空山「津田左右吉氏の非科学思想」を載せた。

蓑田は三月号の「編輯消息」で、津田の実証主義を「合理主義的唯物論的思想法」と断罪し、学問そのものに「根本的欠陥」があると論じた。また、東洋の存在自体を否定する津田の議論を排し、日本の優位を強調しつつ、次のように述べた。

現在に於いては支那印度の勝れた精神的伝統「東亜一体感」は日本人の内心にのみ生きてをるといふことは否定すべからざる事実で、日本人の義気により之を支那人印度人の内心にも再生復活せしめ、欧米人を反省せしむるといふことが「聖戦」の根本義であると信ずるのでありまして、こゝに日本国内の思想改革学術維新がその先決条件であることを思へば、銃後思想戦の責務が身を嚙む如く痛感せらるゝのであります。［蓑田 2004c: 404］

さらに四月号の「編輯消息」では、「全国官私立大学の学術著書出版元たる岩波茂雄氏に対しても、「松陰全集」や「名も無き民のこころ」等の発行者でもあるのですから此際真に良心的の反省を促したいのであります」と述べ、津田と岩波を一括して批判した［蓑田 2004c: 409］。

これに対し岩波は、五月三日の『新聞之新聞』の「緑蔭放談」で、次のように述べている。

事変以来、急に国民精神総動員だとか八紘一宇だと喧しく云はれて居るね、こんな事が俄かに説へられ国民の結束を堅めやうなんていふのは凡そ拙い、こんな事をヤイ々々云ふ連中程軽薄で内容のない種類の人間が多いのぢやないか［岩波 1939b］

ここではさらに「かういつた時世だか《(ママ)》いつて色んな意味で萎縮しない事が今の場合必要だらうね」と語り、「国策迎合主義」を取る新聞に対して苦言を呈した[岩波 1939b]。

蓑田の攻撃は加速する。

この年、東京帝大法学部に「東洋政治学」という新講座が設置され、講師に津田が選定された。この人事は、南原繁が中心となって行った。彼は「いまの時流に乗った人ではなく、科学的な立場からちゃんとした業績を出している人を選」ぼうとし、以前から注目していた津田に白羽の矢を立てた[丸山・福田 1989: 241]。津田は「東洋政治思想史」を開講し、一一月二日から講義を始めた。

津田の講義には、当時助手の丸山眞男が毎回出席した。問題は最終回(一二月四日)に起こった。津田が講義を終えると、「質問があります」という声と共に、教室のあちこちから手が挙がった。はじめに一人が立ち上がり質問をしたが、それは授業内容とは関係のないものだった。

質問者は津田のアジア観を問題にした。日本が東亜新秩序に向けて挙国一致で奮闘しているときに、東洋という存在を否定するのは、東亜新秩序の土台を否定することになるのではないかと詰め寄り、津田が丁寧に応じると、次々に詰問調の質問を続けた。

教室にいた丸山は、組織的な津田攻撃を阻止すべく壇上に上がり、質問者の非礼を質した。そして、津田を抱えるようにして控室に連れて行った。すると、扉を開けて十数人が入り込み、津田と丸山を取り囲んだ。そして、再び質問を続け、一斉に記録をとり始めた。

津田に対する吊るし上げは約三時間に及んだ。丸山は「先生、こんなファナティックな人たちと話してもしょうがないから、帰りましょう」と言って、津田を強引に連れだした［丸山・福田 1989: 251］。

外は雨が降っていた。丸山は「やりきれない気持ち」を抱えながら、津田と共に本郷一丁目の食堂「森永」に入り、遅い夕食をとった。このとき津田は「ああいう連中がはびこるとそれこそ日本の皇室はあぶないですね」とつぶやいたという［丸山 1996: 127］［丸山・福田 1989: 251］。

津田に質問を繰り返した自称学生たちは、「東大精神科学研究会」（一九三八年設立）のメンバー・関係者だった［明石・松浦 1975］。この団体は『原理日本』系統の下部組織で、翌年「東大文化科学研究会」と合併して「日本学生協会」となった。彼らは、組織的な動員をかけて津田を攻撃し、蓑田らに報告した。この出来事が、津田批判を加速させる。

五日後の一二月九日、蓑田は帝大粛清期成同盟の世話人会を開き、さらに一九日には全体会議を開催した。この席で、「早稲田大学教授・東京帝国大学講師文学博士津田左右吉氏の神代及上代抹殺論に就て」という声明書を作成し、一〇七名の署名を集めた。彼らは当局に働きかけ、早期の対処を要望することを決定した。

『原理日本』は一二月二四日付で、「『皇紀二千六百年』奉祝直前に学界空前の不祥事件！」と題した臨時増刊号を発行し、激烈な津田批判を展開した。蓑田は「津田左右吉氏の大逆思想——神代史上代史抹殺論の学術的批判」と題した論考を掲載し、津田が過去に発表した古代史研究を執拗に批判した。

蓑田は津田の問題を、次のように要約する。

異常の継続的努力と熱意とを以つて津田氏が所期した一貫せる著作目的は何であつたか？　曰く、『古事記』及び『日本書紀』の神代の巻全部並に　神武天皇より仲哀天皇に至る人皇十四代の御記事は「全然後の修史家の虚構」であり「全部架空譚」であり「捏造」であるといふことを立証すること、換言すれば日本国体と惟神道とを根本的に滅却すること、即ち是であつた。
［蓑田 2004b: 599］

蓑田にとって、神代史を実証主義によって分析し、史実の確定を進める津田の歴史学は、不敬以外の何ものでもなかった。津田の方法論は「日本歴史日本精神に対する複雑怪奇奸悪無比の詭弁詐術論理」であり、その「非学術的、非良心的、反人道的態度はマルキストの間にも容易に見られぬ悪魔的のもの」だった［蓑田 2004b: 600］。

彼は、津田が東京帝大法学部の「東洋政治学」を担当することを殊更に問題視した。

「皇紀二千六百年奉祝」「東亜新秩序建設」に直面して、東大法学部がこの国史上全く未曾有の「国体根基滅却論」「日本精神東洋文化抹殺論」に帰着する悪魔的虚無主義の無比凶逆思想

> 家を以つて「東洋政治学」の新設講座を飾つたといふことは、最近数十年の思想史に徴して東大法学部が実に「現日本万悪の禍源」たることの実物供覧を完結したことを意味する。［蓑田 2004b: 601］

同時期の蓑田は、大川周明の日本史著述についても批判を展開していたが、「津田氏のはその凶悪素質に於いて全く他に類例なき無比のもの」と断罪した［蓑田 2004c: 442］。さらに、津田を教授とする早稲田大学を批判すると共に、「同氏の著書を継続的に発行し来つた岩波茂雄氏の責任が厳重に問はるべきはいふまでもない」と言及した［蓑田 2004b: 600］。

津田へのバッシングが起こる中、岩波の抵抗を支持する若き知識人がいた。久野収である。一一月二二日、当時二九歳の久野は岩波を激励する手紙を送った。彼は雑誌『世界文化』や新聞『土曜日』での言論活動が治安維持法違反とされ、二年間の獄中生活を送った。久野は京大で教えを受けた田辺元の推薦で岩波と出会い、狩野亨吉の回想録の作成などの仕事を手伝っていた。岩波へ手紙を送ったのは獄中から解放された直後で、大阪の昭和高等商業学校に勤務していた。

久野は言う。

> どうか何時《いつ》までも何時までも学問と青年の真の味方として活動をお続け下さいます様に。
> 私達も御厚誼に報ひて、日本の学問を、日本の知性を必ず世界史の伝統の上に確立せずには

措《お》かない積《つも》りであります。その為には如何なる苦しみも敢《あえ》て厭《いと》はぬ覚悟は所持して居ります。
［岩波書店編集部 2003: 133］

久野にとって、出版界における岩波の奮闘は希望だった。言論統制に屈することなく、果敢な出版活動を続ける岩波書店は、若き久野にとって「学問と青年の真の味方」だった。以後、久野は岩波の相談者となり、時に編集に協力した。

一方、『原理日本』の津田批判キャンペーンは、権力を動かすことになる。翌一九四〇年一月一三日、内務省から岩波書店に対して、津田の著書に関して印刷・製本状況の報告が命じられた。一月二一日には、岩波が東京地方検事局に呼び出され、午前から午後五時半まで尋問を受けた。その後も、警視庁や検事局から津田の著作の在庫数の報告を命じられ、岩波書店への圧力が強まった。

蓑田が問題にしていたのは、この年の二月一一日(紀元節)が皇紀二千六百年の節目に当たることだった。彼は、紀元節までに政府当局が対応するよう、再三にわたって警告を発した。

二月三日、岩波書店は、検事局からの命令で、津田の著書出版についての「始末書」を提出した。岩波は「長い間、発行を合法的に許されていたものを販売していたのに「始末書」を書かせるとは何事だ」と憤った［小林 1963: 231］。そして、紀元節の前日(二月一〇日)、『古事記及日本書紀の研究』に発禁処分が下された。さらに二月一二日には『神代史の研究』『上代日本の社会及思想』も発禁とされ、二月一四日には紙型も押さえられた。

左から久野収，岩波，津田左右吉．1941 年 8 月，北軽井沢で

三月八日、津田と岩波は起訴された。二人は翌日、検事局に出頭し、検事より起訴が言い渡された。起訴理由は出版法第二六条違反で、津田の著作は「皇室ノ尊厳ヲ冒瀆」するとされた。岩波は追い詰められた。彼は東京を離れ、熱海のホテルに引きこもった。数日たっても会社に現れなかったことから、小林が心配になって様子を見に行くと、彼は「人に会うのがいや」で、「誰にも会わずに暮らした」と言った[小林 1963: 233]。

翌日、岩波は小林を伴って、ホテルに近い分譲地を廻った。そして、その一画で立ち止まり「ここが大変気に入っている」と言った。彼はこの分譲地を「買いたい」と言い、その日のうちに購入申し込みを行った[小林 1963: 233–234]。ここに建てた別荘が「惜櫟荘《せきれきそう》」と呼ばれるようになる。

一方、蓑田は三月二五日発行の『原理日本』(第一六巻第二号)の「編輯消息」で、津田の発禁処分に触れ、「思想的批判を教学輿論の上にまで徹底せしむるといふことでなければ、真の目的達成には至らぬ」と、さらなる思想戦に邁進する覚悟を表明した[蓑田 2004c: 451]。そして、この号に「津田問題と岩波茂雄氏の責任」と題した論考を掲載し、批判を畳み掛けた。

蓑田は再度、岩波新書の「刊行の辞」にかみついた。


日本臣民として「日本の行動も亦飽くまで公明正大、東洋道徳の精神に則らざるべからず」と、「東洋道徳の精神」または「東洋精神の真髄」なるものを揚言し、之を以て日本の行動の準則とせざるべからずと放言する岩波氏の態度は「驕慢」を通り越した僭濫不敬である。「日本」とは「大日本帝国」である。大日本帝国の進路を「一素町人」と自称しつゝ命令せむとする如きは、驕慢の極み、僭濫不敬である。岩波氏は果して何を頼みとしてかくの如き態度に出づるを得てをるであらうか？ ユダヤ人は金力を駆使して権略陰謀を逞しうしつゝあるが、日本臣民は「神国日本」の不可測神意を畏みまつるべきである。［蓑田 2004b: 868–869］

蓑田は岩波が説く「東洋精神」と、津田の『支那思想と日本』の矛盾を攻めた。津田の「日本文化の独自性」論と「「東洋文化」盲信排撃論」は、岩波のアジア主義と「正面衝突」するとして、新書の「刊行の辞」と新書の内容の「矛盾撞着」を問題視した［蓑田 2004b: 870］。

蓑田の批判は激しさを増していく。

「岩波新書」の執筆者のうちには美濃部達吉、矢内原忠雄氏また横田喜三郎、三木清等の外、佐々木惣一、末川博、恒藤恭といふ如き京大事件罷免教授や大塚金之助といふ学き共産党事件の刑余者が掲げられてゐる。特に矢内原氏の如きは同叢書に三篇も担当してゐる。日本国民は今日矢内原氏の如き反国体反軍反戦論者から「余の尊敬する人々」の教へを聞かなければならぬであらうか？（中略）この岩波氏が「吉田松陰全集」の如きを発行した如きも金儲けとカムフラージュのために外ならぬ。さうでなかつたならば、長野県に於ける選挙運動に赤化無産党を支持応援したり、美濃部氏や津田氏其他の帝大赤化教授等の著書の如きものを発行し、またかく問題となつた後までも毫も謹慎改悛の情なく前記の如き反噬的態度を示す筈は断じてない筈である。今や岩波書店発行の著書は全国書店に氾濫して「マルクスボーイ」の代りに「岩波ボーイ」のインテリ通語を生むに至つてをる。［蓑田 2004b: 872–873］

蓑田の岩波に対する罵詈雑言は止まらない。出版者・岩波のリベラリズムは、反対の意見であろうと、その主張を展開する権利を守り、一定の水準以上のものであれば出版の機会を作るというものだった。しかし、その理屈は蓑田には通じない。それは日本国体に反する見解を助長・拡張する犯罪行為であって、断固として取り締まらなければならない。『吉田松陰全集』の出版も、金儲けとカモフラージュの手段にすぎず、天皇機関説事件、矢内原事件、津田事件が起こっても「改悛」の態度が見られない。反省が足りない。

蓑田は、岩波を徹底的に敵視し、権力に対して取締りを要求することで、窮地に追い込んでいった。

裁判

一九四〇年六月二七日、岩波は東京地方裁判所へ津田と共に出頭し予審がはじまった。ここから長い裁判闘争が始まる。

岩波は冒頭陳述で、自らの皇室への敬意を語り、天地神明に対して恥じるようなことはしていないと語った。そして、津田は人格・学識において世界に誇るべき学者だと強調し、その著作は学界にとどまらず国家社会のために意義があると述べた。ただし、津田の学説については詳細を知らないと語り、内容について言及することはなかった。

彼は『文藝春秋』一九四〇年一〇月号に寄稿した文章で、愛国者こそ自由を死守すべきと訴え、自らが師と仰いだ杉浦重剛の教育理念を説いた。杉浦は「放任主義」と言われ、学校での規則を最小限に抑えていたが、それにもかかわらず「その感化育成の実績は、規則づくめの他の諸学校のそれよりも遥かに優位に立つた」。岩波はこの例を取り上げることで、愛国の名のもとに統制を強める時局を批判した[岩波 1940c]。

この年の一〇月に大政翼賛会が成立すると、次のように警告した。

新体制に於て屡々新旧、左右、個人全体、自由統制、等の声を聞くが、あくまで国民の浮動性雷同性を戒めて真偽、正邪、公私の区別を明かにせねばならぬ。恐しき敵は外国よりも内敵である。国内の不統一である。国民の驕慢心である。時局に対して不心得の者に極度の弾圧を加ふると共に一の忠誠が他の忠誠を排撃する如き事があつてはならない。［岩波 1940d］

また『帝国大学新聞』のインタビューに、次のように答えた。

学内に起つた事件についても我々の了解に苦しむものは少なくない。多年数十年に亘り国家が信用して居た学説が一部極く少数人の反対意見によつて忽ちにしてその学説が叛逆の学説となりその学者が社会的地位まで失ふと言ふ如きは殆ど考ふべからざる事柄である。且て京大事件なるものがあつた。そのとき文部当局はその学説を国家に有害なりと認め、京都帝大法学部に於ては反対の意見であつた、そのとき問題になつた著者は時の大審院長が新聞に堂々と紹介推薦され又よき本なりとして数十部を買ひ求めて之を部下に配つた事実もある。かゝる際にこそ他の大学に於てその見解を発表すべきであつた。(中略)我が帝大新聞はか様な場合に於てこそ大いに真理のために戦ふべきではあるまいか。［岩波 1940b］

岩波は、繰り返し言論統制を受けながら、権力に阿らなかった。彼は時に妥協し、時に交渉しながら、粘り強く言論の自由を保守しようと奔走した。そして、自らが愛国者であることを前面に出し、国民同胞の多様な見解を尊重しようとした。

第一回公判は一九四一年一一月ごろと設定され、それまでの期間に裁判の準備が進められた。津田は北軽井沢の別荘にこもり、上申書の作成に奮闘した。七月一六日に岩波に宛てた手紙では、次のように書いている。

> 公判では学問と学問の研究法とを判事にわからせるやうにすることに主力を置きたいと思ひ、その意味でできるだけの努力をするつもりで居ります、こちらでもそのための準備を致して居ります、
>
> なほかねてから申し上げようと思ひながら申上げずに過ぎて来たことでありますが、私の連坐として御迷惑をかけた上に、何もかも御厄介になつてゐて、私としては甚だ心苦しく存じて居ります、いろ〱考へてはゐますが、すべては事件の決着後にゆづりまして、只今のところは、何も申上げずに、一切お世話になつてゐる次第で御座います、御好意に任《まか》せすぎる感じを私としては致してゐますが、これ亦御宥恕《ゆうじょ》を願ひます、［岩波書店編集部 2003: 156–157］

さらに九月一日の手紙では、この裁判は「学界全体の死活問題」としたうえで、特別弁護人が重要な意味を持つとの考えを示し、南原繁と相談してほしいと依頼した［岩波書店編集部 2003: 158］。最終的に特別弁護人は和辻哲郎が引き受けることになるが、南原は無罪嘆願の上申書を作成し、丸

山は署名集めに奔走した。

一〇月三〇日午前一一時、第一回公判が東京刑事地方裁判所第四号法廷で始まった。この日、法廷に立った岩波は、裁判長からの質問に答えた。

裁判長は、津田の著作に関する出版の経緯を、繰り返し問うた。裁判長がこだわったのは、出版は岩波の意志によるものなのか、津田の依頼によるものなのかという点だった。岩波は記憶が不鮮明であることを前提としながら、当初は津田の関係者が原稿を持ち込み、以降は岩波からの原稿依頼となった経緯を語った。岩波は、津田の人格と学者としての態度に惹かれたため、「先生ノ本ハ、全部私共ノ方デ出サセテ戴キタイト言フ気持ハズツト持ツテ居リマス」と語った[岩波 1941a]。

裁判長は、出版時に書籍の内容が出版法に触れないかを審査する社内機関が存在するかを問うた。岩波は、以前は審査をするようなことはしなかったが、近年は多少気にするようになったと言い、次のように述べた。


私ノ頭デハ、サウ言フ特別組織ガナクテモ、吾々ノ常識ヲ以テ考ヘテ、サウシテ本当ノ立派ナ先生方ノモノヲ出シテ居ル場合ニハ、何モ心配シナイデ宜イト言フヤウナ頭デ、今マデ信ジテ居リマス。[岩波 1941a]

岩波は津田の著作については、著者への信頼から内容についての疑念を抱いたことはなく、また問題になるまでは中身を一度も読んだことがなかったと語った。この日は一二時五〇分に閉廷し、岩波は解放された。

公判を闘う中で、彼は次のように言っている。

言論人としては世に阿り俗に媚びることをさけ、国家永遠の立場より一世を指導し社会の木鐸たることこそその真使命であらねばならぬ。死を賭しても志を枉げず所信に生きることがその職域奉公の道である。〔岩波 1941b〕

裁判は「大東亜戦争」の勃発を挟んで続けられた。裁判長は、岩波書店が出版に際して、いかなる審査を行ってきたかにこだわり、質問を繰り返した。一二月二三日の第二〇回公判では検事論告が読み上げられ、津田に対して禁固八カ月、罰金四〇〇円、岩波に対して禁固四カ月、罰金四〇〇円の求刑がなされた。

一九四二年一月一五日、最終陳述が行われた。岩波は繰り返し皇室への敬意を語り、かつて杉浦重剛に師事したことに言及したうえで、不敬の意図など毛頭ないことを強調した。そして、公判を通じて無罪を確信したと語り、皇室への尊厳冒瀆には当たらないと述べた。

判決は五月二一日に出た。津田に禁固三カ月、岩波に禁固二カ月(共に二年の執行猶予付き)という判断が下され、通知された。

新聞で判決を知った西田幾多郎は、五月二二日付で岩波に手紙を送った。

今朝新聞の判決を見た
案外寛大であつた
これで検事の控訴なくしてすめばよいが
司法官には尚正心あると見ゆる［岩波書店編集部 2003: 168］

しかし、検察は五月二三日に控訴した。これに対し、被告側も追って控訴し、裁判は継続することとなった。岩波はこの時のことを、次のように回想している。

悔悛の情なきは勿論、被告人両名ともその正しき主張を一寸一分でも曲げないのに執行猶予になることは腑に落ちなかったが、博士は老軀病弱で、この上尊い歳月を裁判沙汰などに費すのを厭われ、私も日本の裁判の正義に対して疑いを持ち、災難と思って無益な抗争など止めるつもりでいたが、豈に図らんや罪が軽きに失するといって却って検事から控訴されたので弁護人のいうままに此方でも控訴することにした。［岩波 1998: 26–27］

結局、裁判は戦争中の混乱の中で、公判が開かれず、一九四四年一一月四日、時効により免訴となった。岩波は「これは正義を愛する神の裁判か」と思ったという[岩波 1998: 27]。

戦後、蓑田は故郷熊本で自殺するが、その一報が岩波に伝わると「それでは蓑田は本物であったか」と言い、遺族に金一封を贈った[小林 1963: 346]。

時局との格闘

さて、一九三〇年代末から四〇年代初頭の岩波の言論と活動を見ておこう。

一九三八年五月五日、第一次近衛内閣によって国家総動員法が施行された。岩波は内閣情報部から総動員体制の強化について意見を求められ、回答した。

岩波は「何とかして将兵の犠牲を無にせず事変を有意義に終らしめるために国民は総動員せねばならぬ」と表面的には肯定的立場をとった。しかし、そのためには国民(特に軍人)に五箇条の御誓文を浸透させる必要があり、「興隆日本永遠の国是」として、また「今時の事変に於ける指導原理」として遵守しなければならないと述べた[岩波 1939a]。

日本においては「上のなすところ下これにならふ」という傾向があることから、「上に立つ者先づその範を示すが早道であり、有効である」と語り、官吏の態度こそが問われると指摘した。そして、言論の自由を守ることこそが重要と説き、「皇国の発展に資する者は謙虚なる態度」で多様な意見に学ぶ必要があると論じた[岩波 1939a]。

岩波が繰り返したのは、ここでも愛国と国民主権の論理だった。彼は愛国者こそが、国民の多様性を尊重し、言論の自由を擁護すると主張した。彼はあくまでもリベラル・ナショナリストとしての姿勢を崩さなかった。

岩波はこの頃、無産政党の社会大衆党を支持していた。

> 私は政党に関係なき者であるが既成政党の弊害を是正する上に於ても社会の革新に一歩を進める上に於ても社大党の勢力の拡大強化は国家大局の立場から必要なりと信ずる者である。[岩波 1939c]

社会大衆党は、一九四〇年三月の斎藤隆夫による反軍演説問題で、斎藤に対する懲罰動議に反対した党首の安部磯雄、西尾末広、片山哲、水谷長三郎、鈴木文治ら八名を除名処分とした。七月には他党に先駆けて解党し、大政翼賛会に加入した。

岩波のもとには、一九四一年一月九日付で安部磯雄から手紙が届いた。安部は前年一二月に議員辞職し、政治の第一線から退いていた。

> 御承知の如く私は去る十二月に衆議院議員を辞することにいたしました　これには種々理由がありますが　大分以前に私共十人の同志は斎藤問題のため社会大衆党と分離して国民勤労党なるものを組織したのでありますが　これは或《ある》人々の誣言《ふげん》によりて赤党として解散されたのであ

ります　いよ〳〵新体制となりても私共は依然として冷遇されて居たのであります　私は兎《と》に角《かく》として他の九名が全く政界から疎外されることは如何《いか》にも残念でありますから種々尽力の結果私共議員倶楽部に入会が出来るようになりました　これで一段落となりましたので私は老年でもありますから此際《このさい》政界を隠退することに決心いたしました　過去に於ける選挙毎《ごと》に多大の御援助を賜はりましたことは終生忘れることの出来ぬことであります　茲《ここ》に改めて厚く御礼申上ます［岩波書店編集部 2003：150–151］

一九三九年八月三〇日には阿部信行内閣が発足し、直後の九月一日にヨーロッパで第二次世界大戦が勃発した。阿部内閣は大戦への不介入を表明し、日中戦争の早期解決を進めようとした。岩波は、阿部内閣に対して、次のような要望を述べた。

事変を聖戦とし、又支那の為の戦と迄も称し乍ら民国人には恨まれ、欧米よりは侵略国と見做されて居る。日本国民としてこれ程残念な事は無い。この悲しむ可き誤解を優に一掃するに足る正々堂々たる態度を事変に対して執られる事を何よりも先に新内閣に希望する。［岩波 1939d］

岩波は日中戦争に「道義」を注入することで、「東洋平和」のための戦いへと回路づけようとしていた。そのためには、中国人に日本の立場を説明する必要があり、相応の行動と方針を示すべきことを訴えた。

第二次世界大戦についてては、ナチスドイツに対するイギリス・フランスの優位を論じた。しかし、英仏両国に対しては「人道の名に於て植民地を虐げる度胸と、豊沃なる土地を耕さず放置して勤勉なる民の入国を拒み、平気で世界正義を唱へ得る強靭なる心臓の所有者に、利害打算以外の本質的なる条理を期待する事は出来ない」として、シニカルな態度を表明した［岩波 1939e］。

一九四〇年一〇月、岩波は基礎科学を研究する有能な若手学者の生活支援を行おうと、「風樹会」という団体の設立を構想した。日中戦争以降、世の中は目前の事に右往左往し、長期的視野を失っていた。彼はこの傾向を憂い、私財を擲って将来の日本の為に若手研究者の支援に着手した。

一一月二日の夕方、彼は店員を屋上に集め、語った。

若くして父を失い、まだ業も成らないうちに母を失った。その嘆きは今日に至っていよいよ深い。自分は諸君の助けによって今日業を営んでいるが、それによって得た利益をできるだけ私すべきでないと考えている。今日、日本は重大な時機に立っているが、基礎科学の研究は一日も忘れてはならない。しかるにその研究に従う若い有為な学者たちは研究費も少く、生活も貧しい。心ならずも時局に投じた研究をしなければならぬ人もある。そういう人たちをひそかに援助する会を作った。［小林 1963: 254］

こう話すと、岩波の声が低くなり、やがて嗚咽に変わった。彼は白いハンカチで顔を覆い、一礼すると階段を下りて行った。

風樹会は、理事長に西田幾多郎を迎え、理事に岡田武松、高木貞治、田辺元、小泉信三を据えて発足した。のちに風樹会の存在を知った池田成彬《しげあき》は、岩波に手紙を送り、絶賛した。

財団の組織、運用等に於て普通世間の其《そ》れと異なつて学ぶべき点不尠《すくなからず》候得ば目的として哲学、数学、物理学等の基礎的方面の研究に重きを置かれたるは一大見識にして敬服の外無之《これなく》候。

［岩波書店編集部 2003: 179–180］

一九四一年秋には、NHK海外放送に出演し、「日本の出版事業について」と題して話した。彼はここで「岩波文庫が、戦場に赴く兵士たちの最もよい伴侶となつてゐる」と語ったうえで、次のように述べた。

支那大陸で戦つてゐる兵士たちのポケットや背嚢の中に、前記の支那哲学者たち（孔子や老子や荘子――引用者）の典籍や、更に李白杜甫の如き唐代の詩人の詩集が納められてゐるといふ事実は、私たちが蔣介石とその一派を敵として戦つてゐるとはいへ、決して支那の民衆に憎悪を抱くも

のではないといふ、我々の声明を裏書きするものではないであらうか。［岩波 1941c］

岩波はここでも五箇条の御誓文を持ち出し、「智識を世界に求め、大いに皇基を振起すべし」という条文を確認した後、海外に開かれた日本文化のあり方を説いた。そして、「私たちの愛国心は偏狭な排外主義とは縁遠いものであると主張できる」と語った［岩波 1941c］。

彼は別のところでも排外主義に憂慮し、「外国語を軽視」する傾向を厳しく批判した。そして、既に「通用語となつた外国語」を「難解なる国訳に改めんとする」潮流を問題視し、「敵国にも学ぶべきは学」ぶという姿勢の重要性を説いた［岩波 1941d］。

頭山満への敬意

一九四〇年代に入ると、岩波は俄かに頭山満に接近した。彼は『文藝春秋』一九四〇年一〇月号で、頭山に触れて次のように論じた。

私は、陛下の赤子たる自覚に寸分の動きなき限り、思想が右だとか左だとかいふ区別にあまり関心をもたぬ。右も左も本物は総べて帰一するではないかと思ふ。現代の巨星頭山満翁の如き至誠無私の人格に対しては右も左も等しく頭が下がるであらう。それで私の考へからすると、自由とか統制とか、個人とか全体とかいふことに肩を凝らすよりも、本物か似せ物か、正しい

か邪かを明かに区別することが統制にとつても大切なことではないかと思ふ。[岩波 1940c]

一九四一年二月九日、岩波書店から『定本土左日記　異本研究並に校註』(一九三五年)を出版していた国文学者・河野多麻の仲介で、岩波は頭山邸を訪問した[河野 1947]。頭山はこの時、渋谷の金王八幡宮近くに邸宅を構えていた。

岩波は、中学生の時、杉浦重剛にあこがれて上京したことを話した。そして日本中学入学時に杉浦に宛てて送った請願書を、頭山に見せた。頭山は杉浦と旧知の仲で、杉浦が月に一度は頭山のもとを訪問し、歓談した思い出を語った[河野 1946]。八五歳の頭山は、体の調子が悪く、床上で話を続けた。この時、二人は日中戦争について語り合った。アジア主義者の頭山は、日本と中国が争いあう状況に批判的で、日ごろから長引く日中戦争に苦言を呈していた。岩波は、日本こそ大きな態度で中国と「手を握るといふのが本当ではありませんか」と同意を求めた。すると頭山は「今度の戦争でも蔣介石は戦ふ意志はなかつたと思ふ」と語り、開戦一年後に自ら和平工作に乗り出したものの、うまくいかなかったことを伝えた。さらに岩波が「今度の戦争は感心しませんね」と言い「私などでも今度の日本の支那に対する態度にはあきたらぬものを感じます」と述べると、頭山は「蔣介石も戦争したくないのだがどうも複雑な事情があつてうまくゆかぬのぢや」と答えた[河野 1946]。

岩波にとって、頭山は思想的に共感できる相手だったのだろう。若き日の頭山は、藩閥政治に反発し、武装闘争を試みたものの、西南戦争の敗北によって言論闘争に転じ、自由民権運動を闘った。

彼にとって、一部の人間が権力を独占する政治形態は、愛国の論理からの逸脱だった。

頭山の思考は「一君万民」の論理に基礎づけられていた。「一君万民」とは、天皇の超越性を認めれば、他の万民は階級を越えて一般化されるという原理である。彼はこの天皇主義とナショナリズムを国民主権と結び付け、自由民権運動に加勢した。

頭山満家と岩波家．前列左から岩波，2人おいて頭山満，同夫人，中列右から2人目が岩波ヨシ．1941年2月，虎ノ門晩翠軒にて

頭山は、仲間と共に玄洋社を設立した。玄洋社は次の「三原則」を掲げ、民選議院設立の運動に奔走した。

一、皇室ヲ敬戴ス可シ
二、本国ヲ愛重ス可シ
三、人民ノ主権ヲ固守ス可シ

玄洋社にとって、天皇主義、ナショナリズム、国民主権は三位一体の存在だった。彼らにとって、国民を身分によって分断する旧体制は批判の対象であり、天皇のもとの平等こそが目指された。彼らは君民一体のナショナルな統合を志向し、国民主権の主張を繰り返した。

頭山は、朝鮮開化派の金玉均との出会いによって、アジア主義に目覚めた。封建制の打破を活動原理とする頭山は、東アジアの民衆が西洋諸国の帝国主義とともに、国内の旧体制によって二重の苦境に置かれていると捉えた。彼はアジアの革命家と連帯し、清朝や李朝の封建支配打破を目指すとともに、欧米列強の植民地支配に対抗するアジア主義へと傾斜していった。彼は孫文やR・B・ボースを助け、運動を支援した。

岩波は同郷人で新宿・中村屋の主人・相馬愛蔵と創業当時から親しく、一九三八年には相馬の著書『一商人として』を岩波書店から出版していた。中村屋はR・B・ボースを匿ったことで知られ、相馬の娘・俊子はボースと結婚した。相馬にとってボースは家族であり、ボースの窮地を救った頭山は一家で敬愛する人物だった。

岩波にとって、頭山のナショナリズムとアジア主義は、共感の対象だったのだろう。両者には西郷隆盛を尊敬するという共通点もあった。二人は意気投合し、岩波の頭山への敬意は高まった。

この面会から間もなく、岩波は両家を交えた会食の場を持った。岩波は小林に対して、盛んに「頭山は人物が大きい」と褒めた。さらに、頭山が中江兆民や大井憲太郎との親しい関係を話すと、深い感銘を受けたという[小林 1963: 261]。

一九四二年三月二〇日、上野精養軒で東南アジアに飛び立つR・B・ボースの激励会が開催された。岩波は頭山とともに発起人に名を連ね、大川周明や安岡正篤らと共に席を並べた。

この年、岩波は米寿を迎える頭山に対して、祝賀の言葉を贈った。

私がはじめて頭山翁にお会ひした時、私の恩師杉浦重剛先生をはじめ大井憲太郎、中江兆民の諸氏がその昔よく訪ねて来たとのお話があつた。

翁と国粋論者天台道士との間柄は天下周知のことだが自由民権論者や今日の言葉で赤ともいはれるべき人との御交際は私には意外に感ぜられると共にこれある哉と思つた。それは人生の至境には右も左も、白も赤もないといふ私の平常の所信が生きた人に於て裏書されたからである。

かくて私は茫々海の如き翁の御人格に対する傾倒の情を今更深くした次第である。翁を右傾陣営の統領とのみ見るは翁を小にするものである。翁は左右両翼を超越して天地の大義に生きる国宝的偉大なる存在である。

興亜の大業に邁進する時、忠誠の権化、無私の典型翁の如きを陛下の赤子として持つことは神国日本が世界に向つての誇であらねばならぬ。

翁の米寿に際し私は明治ッ子として翁と同時代に斯国に生きる幸福を思ふと共に興隆日本のためこの上とも翁の健康を祈りて止まない。［岩波 1942c］

玄洋社では、頭山の米寿を祝して「正伝を編纂すべし」との声が上がり、翌年一月、頭山満翁正伝編纂委員会が発足した［頭山満翁正伝編纂委員会 1981: 6］。委員会では、版元として岩波書店が候補となり、緒方竹虎が岩波に相談することとなった。緒方が話を持ちかけると、岩波は『頭山満翁正伝』の刊行を快く引き受け、岩波書店での出版が決まった[緒方 1947]。

葦津珍彦を中心に頭山の談話が採られ、複数の人間によって執筆が進んだが、頭山の死(一九四四年一〇月)と時局の悪化によって刊行は実現しなかった(戦後、原稿は長きにわたって行方不明となっていたが、控えが玄洋社関係者の家から発見され、一九八一年、葦書房から刊行された)。

「大東亜戦争」の勃発

一九四一年一二月八日、「大東亜戦争」が勃発した。

小林によると岩波は「米英をやっつけるならば僕も賛成だ」と言ったという。また戦局の優位が伝えられると、「長年アジアを圧迫しているアメリカとの戦いと思うから興奮していた」。翌年一月五日の仕事始めの日には、屋上に店員を集めて年始の挨拶を行い「日本は大きな危機に見舞われておるが、しかし中国をいじめるよりもこの方がよい」と語った[小林 1963: 271–272]。また、雑誌から「最近の悦び」は何かと尋ねられ、「対支政策百八十度の廻転」と答え、「同志と祝杯をあげました」と述べている[岩波 1943c]。

戦後、竹内好《よしみ》はこの時の岩波の態度を取り上げ、「岩波茂雄も心情としての非侵略的なアジア主義者である」と論じている[竹内 1993: 337]。竹内自身も開戦直後、「大東亜戦争と吾等の決意(宣言)」を書き、「大東亜戦争」を無条件で支持した。彼は日本がアジアで弱い者いじめをしているの

竹内 好

ではないかという疑念を持っていたが、「大東亜戦争」によってアジアから侵略者を追い払うという決意が貫徹できると喜び、東亜解放の戦いに期待した。竹内は、戦後になって岩波の開戦時の態度を知り、率直な共感を示した。

戦争がはじまり、書店には時局便乗の出版物があふれた。一方で、出版社は物資不足の影響で、用紙の供給が滞り、印刷・製本にも大きな影響が出るようになった。岩波書店では、在庫補給が出来ず、品切れが相次いだ。

しかし、読書界の期待は、岩波書店に集まった。時流に寄り添う書籍の中で、岩波の本は独特の存在感を示していた。そのため、創業以来の好景気に見舞われ、店内は活気づいた。

一方で、店員の徴用が相次いだ。岩波は、戦争に行く店員が出るたびに、壮行会を開き、見送った。ただ、「恐らく他のどんな会社の壮行会よりも、岩波書店の壮行会はしずんだもの」だった。重い空気が店内を包んだ[小林 1963: 272]。

岩波は「大東亜戦争」を平和のための戦いと位置づけ、その理念を鼓舞した。

八紘一宇の肇国の御精神も一視同仁の大御心も、アングロサクソンの世界制覇と異なり、人類に平和を与へ世界に正義をもたらし、人道を繁栄せしめんとするにほかならない。この大理を国民に樹立し、戦争目的に対する確固たる信念を植えつけることが思想戦に於ける勝利といへよう。これは単に時局物に限らず哲学書を始め古今東西の典籍を閑却すべきでない。［岩波 1942d］

出征する店員を玄関で送る岩波．1941 年

彼は、「大東亜戦争」の大義を、「五箇条の御誓文」の延長上に位置付けた。日本によってアジア諸国を帝国主義から解放することは、明治維新によって封建社会を打倒した志士たちの偉業とパラレルな関係にあった。そこでは、日本の侵略行為は否定され、戦後の独立と平和が志向された。

岩波は「大東亜戦争」の大義に賭けた。「大東亜戦争」は、アジアに自由民主主義を拡大する手段と捉えられた。彼は、言論弾圧を進める軍部指導者に反発し、その政策に批判的だったが、戦争の先に見据えた理想に希望を託した。

彼は戦時下における営利目的の出版を批判し、時局物の粗製乱造を諌めた。そして、「最後の紙一枚まで国家奉仕のために捧げるようにしなくてはならない」と述べ、総動員体制における出版の意義を説いた[岩波 1942d]。

岩波は、「大東亜戦争」を「学術戦、文化戦」と捉えた。出版は、戦争と手を携え、国民を感化しなければならず、国民に「理念」を植え付けなければならないと考えた。

“大詔奉戴日”, 店員を屋上に集めて話をする岩波. 1942 年 12 月 8 日

例へば哲学なんといふことは戦争には無関係のやうに考へられるがさうじやない、やはり長期戦に堪へるためには本当の高い理念をもつて始めて戦争に堪へ得るのだ。本当に勝つためには高い理念をもつてやらなければならない。われわれの使命といふものはさうした高い理念を国民に植附けるといふことだと思ふ。(中略)われわれの任務は戦争に当つて最も基礎となるものを提供するといふことだ。[岩波 1943b]

彼は「良書を多く出版する事に依り多少とも御国の為になりたい」と述べ、出版によって忠君愛国を実践する意欲を表明している[岩波 1943c]。

一九四三年秋には陸軍と海軍に対して、戦闘機を一機ずつ献納した。これは岩波号と名付けられ、献納式には自らが出席した[小林 1963: 298]。

岩波は日を追うごとに、「大東亜戦争」の大義に前のめりになっていった。

創業三〇年

一九四三年、岩波書店は創業三〇周年を迎えることとなった。岩波はそれに先立って、感謝晩餐会を一九四二年一一月三日に開催することにした。この日は、尊敬する明治天皇の生誕日(明治節)だった。

会場は大東亜会館(東京会館)で、来客は五〇〇人を超えた。

壇上に立った岩波は、諏訪での幼き日の思い出から、一高での煩悶生活、女学校教師時代、岩波書店の創業、事業の拡大までを一気に語り、知遇を得た人々への謝辞を述べた。

そして、挨拶の締めくくりとして、次のように述べた。

なほ、畏れ多いことでございますが、私が今日まで事業を進めてまゐるに当つて、国民として常に仰いで指標として来ましたものは、明治大帝の五ケ条の御誓文でありました。思ふに、あの五ケ条の御誓文は、開国の指針であるばかりでなく、皇国永遠の理念であると、私は堅く信ずるのであります。此の聖旨を奉戴して、学術の進展に、教養の向上に、不断の努

回顧30年感謝晩餐会を開催，会場全景．1942年11月3日，大東亜会館にて

力を傾倒することが、曠古の国難を突破するべく、吾々に課せられた職域奉公の道であると信ずるのであります。此の感謝晩餐会を、特に此の明治節の佳き日に選びましたのは、些かなりとも此の志を表はさんがためであります。私は残れる生涯を此の精神に詢じ、此の理念に生き抜き、陛下の赤子として、国民の一人として、遺憾なきやうにと念願致します。［岩波 1942b］

晩餐会では、この会に合わせて作られた「店歌」が披露された。作詞は高村光太郎で、当初は店員が歌う予定だったが、曲が難しくうまく歌えなかったため、音楽学校の学生が歌った。

司会は安倍能成がつとめ、食事中には三宅雪嶺や牧野伸顕、小泉信三、幸田露伴、高村光太郎、天野貞祐らがマイクを握った。西田幾多郎

は参加しなかったが、メッセージが代読された。会場には津田左右吉や矢内原忠雄の姿もあった。この集まりは「自由主義者最後の晩餐会」と言われたりもした。

華やかな会の一方で、戦況は悪化し、言論統制は更に強化された。一九四四年三月には、雑誌『教育』が休刊に追い込まれた。この頃になると、当局は発売禁止のような行政処分を採らずに、用紙の供給を制限することによって、出版のコントロールを行っていた。『教育』に対しては、用紙の割り当てがなくなり、休刊を余儀なくされた。

岩波は言う。

昔ソクラテスは毒盃を仰いで従容死についた。私も政府に生命財産を保護されてゐる者の一人として、政府の意志に反抗することは出来ない、又すべきではないと思ふ。ただ私の良心と意志とは「教育」が理由を明かにされないでやめさせられたと云ふことを納得することが出来ない。［岩波 1944］

岩波は文部省の一部が、『教育』執筆陣を快く思わなかったことに原因があると推測したが、休刊が覆ることはなかった。

岩波書店の出版物は、次々に裁断処分を受けることになった。店員は次々に召集・徴用され、業務が停滞した。倉庫は空になり、新刊の出版も旧著の重版も自由にできなくなった。

岩波は公式の場では「大東亜戦争」の意義を鼓舞しながら、一方で偏狭な戦時体制に苛立った。彼は一九三〇年代以降続く言論弾圧を批判し、政治状況を憂いた。

岩波にとって、「大東亜戦争」は両義的な存在だった。彼は、欧米の帝国主義の打破という大義を支持したが、それを遂行しようとする政治体制には懐疑的だった。彼は、戦時中も繰り返し、五箇条の御誓文への回帰を訴えたが、その背景には、公論を圧迫し、知識を広く世界に求めようとしない国粋主義への苛立ちがあった。

「大東亜戦争」の理想への賛意と、戦争遂行主体への反発――。

岩波は引き裂かれ、苦悩した。

貴族院議員に

一九四五年二月一一日、戦況が一層厳しくなる中で、岩波は東京都多額納税者の貴族院議員補欠選挙に立候補することになった。彼は日中親善と文化向上の実現と共に、国民の一致団結を訴え、選挙に挑むことになった。

岩波は言う。

右傾の者は左傾の党を国賊あつかひし、又左傾の右傾の者をがん固者として愚物扱するが如き一億一心と云ひ乍らも社会の各界において融合一致を欠くるところなきか小生は以上の如き考へを最も適切有効に発言し実現しこの方面に一寸の寄与をなすは議政壇上に立つが最も適切なると信じこゝに出馬を決意致候[岩波 1945f]

彼は印刷書状を作り、関係者に送付した。その中で、彼は明治の世を追憶し、「維新の志士」が有した「殉国の精神」を想起して立候補すると伝えた[岩波 1945b]。

推薦者には、緒方竹虎、筧克彦、加藤完治、高村光太郎、相馬愛蔵、小泉信三、幸田露伴、古島一雄、三宅雪嶺らと共に、黒龍会の重鎮・葛生能久が入っていた。頭山は前年に亡くなっており、その代わりとして葛生が入ったものと考えられる。選挙活動は、三木清が全面的にサポートし、手紙の原案などを作成した。

三月二七日、岩波は当選し、貴族院議員となった。しかし、翌二八日、三木が仮釈放中に逃亡した高倉テルを匿った容疑で逮捕された。その時、その場にいた小林勇は、三木から「子供のことを頼む」と言われた[小林 1963: 315]。

選挙期間中の三月一〇日には東京大空襲があり、一〇万人以上の死者が出た。東京は焦土と化し、生き残った人々の多くは疎開した。

四月から五月にかけて東京では空襲が続いた。そのような中、岩波は「米英に寄す」という文章を書いた。

ここで彼は、改めて「大東亜戦争」の大義を確認する。

今次の大東亜戦争は平和裡の話し合ひがつかず自存自衛の為め、指導者として東亜民族解放の為め止むを得ずして我等が起つたことは御詔勅に示されたるが如くである。［岩波 1945a］

一方、アメリカは「人道」と「正義」を掲げ、「自由の為めに戦ふ」と主張する。そしてその目的のために、日本を「殲滅」しようとする。しかし、本当にアメリカは人道の国なのか。彼の真の目的は、自由の達成なのか。

岩波は、アメリカにおける「インディアン」やイギリスのインド支配に触れ、彼らの非人道性を説いた。そして、安全航行が保障されていた阿波丸が撃沈され、二〇〇〇人以上が死亡した事件を取り上げ、アメリカの「不義背信」「残忍酷薄」を指摘した。

阿波丸の暴撃の如き鬼畜の行為と言はれても弁解の余地なきではないか。如何なる確信を持って日本国民を誹謗し之を滅さんとするのか［岩波 1945a］

彼は、アメリカが「正義、人道、自由」を掲げながら、「弱肉強食」の論理で他国を侵略する矛盾を指摘する。そして、その行動が「人類国家の理念」に合致しているのか否かを、アメリカ人自身が問い直すべきだと主張する。

岩波は力を込めて言う。

君国の為めには日本人は最後の一人まで戦ふ決意あることを諸君は覚悟せよ。義の為めには日本人は血潮の最後の一滴まで注がずんば止まざる気魄あることを諸君は牢記せよ。事大主義は多数なるも正義は孤立する。然し諸君に教へられしが如く正義は最後の勝利者である。[岩波 1945a]

岩波は「大東亜戦争」の理想を説き続けた。しかし、敗北の足音は、確実に迫っていた。そして、彼にとって辛く苦しい出来事が相次ぐことになる。

小林勇の拘置

一九四五年五月九日、小林勇が検挙された。容疑は治安維持法違反で、横浜東神奈川署に連行された。取り調べの中で真っ先に問題にされたのは、岩波新書だった。警察は新書が「反戦的」で「共産主義の考えをもって編集している」と睨んでいた[小林 1963: 322]。

取調官は、岩波新書を一冊一冊取りあげ、いかなる考えで編集したかを問いただした。その尋問は誘導的だった。また、岩波が書いた「発刊の辞」も問題にされた。「貴様のおやじは貴族院議員などになりやがってごまかしているが、最も悪いやつだ」と怒鳴られ、威嚇された[小林 1963: 322]。

一九四二年以降、横浜事件が起こり、メディアへの弾圧が強まっていた。編集者・新聞記者が連続的に逮捕され、四人が拷問死していた。雑誌『改造』『中央公論』は廃刊に追い込まれ、版元も解散を命じられた。そして、次に狙われたのが岩波書店だった。取調官の一人は小林に対して、「岩波書店をつぶす予定だ」と語った。法的根拠のない逮捕がまかり通り、言論の自由はなきに等しいものになった。

小林は、毎日のように竹刀で殴られた。岩波新書が反国家的方針で編集してきたとの供述を強いられたが、断固として拒絶した。

岩波は関係者に働きかけるなどしながら、小林の釈放を要求した。しかし、事態は打開できなかった。幸田露伴は七月一五日、勾留中の小林に手紙を送り、「まことに我が無力のこれを助くるなきを愧《は》づるのみ」と述べた[岩波書店編集部 2003: 208]。

六月七日には、西田幾多郎が亡くなった。岩波は悲しみに包まれ、悲嘆にくれた。

終戦間際の八月八日、岩波は一本の原稿を書き上げた。彼はここでアメリカ軍による「必要以外の人命の損傷」を批判し、「文化的遺産の破壊」に憤慨した。そして、残った力で最後の気勢をあげた。

君国の為めには日本人は最後の一人まで戦ふ決意あり、義の為めには血潮の最後の一滴まで注がずんばやまざる気魄あり、空前の危局に立ち、都市灰燼となるとも日本人の良心や気魄までも亡ぼすことは出来ぬ。

一寸の虫にも五分の魂といふ。我等息の根の絶えざる限り武力を以てする暴圧には断じて属従するものではない。そして他の一切が恃むべからざる事態に立至るとも、道義を貫いて止まぬ不屈の精神は、日本民族をして最後まで戦ひ抜かせるに違ひない。［岩波 1945b］

岩波はこの論考を、「正義は最後の勝利者であらねばならぬ」という一文で締めくくった。彼は戦時体制への反発を強めながらも、「大東亜戦争」の大義を捨てようとはしなかった。

しかし、この日、ソ連が中立条約を破棄して日本に宣戦布告した。二日前には広島に原爆が投下され、翌日は長崎も原爆で火の海と化した。

もはや日本に勝利の可能性は残されていなかった。

敗戦

一九四五年八月一五日、国民は玉音放送によって敗戦を知った。岩波は、愕然としたが、早くも二二日に店員を集めて会議を開き、今後の出版方針を協議した。二九日には小林が釈放され、翌日岩波と再会した。

しかし、不幸は続いた。

九月三日、長男の雄一郎が亡くなった。享年二九だった。彼は、東京帝大を卒業後、東京芝浦電気製作所で真空管の研究に携わっていた。しかし、体が弱く、前年から体調を崩していた。臨終のとき、岩波はベッドの傍で見守った。そして、「沈痛な淋しい顔色」を見せ、落ち込んだ〔小林 1963: 330〕。

しかし、貴族院議員としての仕事が待っていた。翌四日には、気丈にも議場に姿を現し、初登院を果たした。議会は七日の閉院式まで続いた。岩波は「貴族院質問事項」を用意したが、実際には質問の機会は与えられなかった。

彼は、このメモで次のように記している。

長男・雄一郎，四女・末子と岩波

日本政府の中華民国に対する態度に於て一定の方針を持たず特に満州事変以来中華民国に対する処置は隣邦の恩義に酬ゆるに非ざりしと思ふが如何今度の敗戦も大いに考ふ可き事柄であつて日本は民国の排日を非難するが民国人として考ふれば当然であり、私が若し民国人であつたとしたならば一兵卒としても排日の急鋭鋒に起つたであらうと思ふ、何としても満州事変も支那事変も民国に対して私は済まない事をしたと考へるが政府の所信如何。〔岩波 1945c〕

岩波はまず、満州事変以降の対中政策を総括しなければならないと考えた。アジア主義者の彼にとって、中国への侵略行為は失政以外の何物でもなかった。「大東亜戦争」以降は、大義の貫徹によって、中国問題を解決できると考えたが、その夢は潰えた。岩波は、中国侵略を反省するところから、戦後日本の再出発を図った。

八日には、雄一郎の葬式を挙行した。そして、翌日、一路長野に向かって旅立った。これは、四日に亡くなった旧友・藤森省吾の葬式のためだった。

一〇日、岩波は葬式で弔辞を読んだ。しかし、様子がおかしかった。モーニングから弔辞を取り出すと、壇上で包み紙を落とした。さらに両手で持って読もうとしたが、左手がうまく上がらなかった。何とか読み始めたものの、うまく言葉にならなかった〔西尾 1947〕。

この時、岩波は軽い脳溢血の発作を起こしていた。結局、このまま長野にとどまり、しばらく静養することとなった。病は深刻ではなかったものの、口はもつれ、左手はしびれた。しかし、気力は充実しており、病床でも「病床漫録」と題した日誌をつけた。

二五日には、評論家・坂西志保に宛てて手紙を書いた。彼は日中戦争以降の戦争に対して、命を賭して阻止しなかったことを悔いた。そして、「反軍なり国賊なりと言われる事を怖れまた引致されて死刑に逢う事を怖れ言う可き事を言わずに過した」ことを懺悔し、「血を以て之れを阻止しなかつた責任は我々にある」と厳しく自己批判した[岩波 1998: 159]。

二六日、三木清が豊多摩拘置所で亡くなった。岩波は一〇月二日になって、その死を知り、「病床漫録」に記した。

三木清君の獄死を始メテ知リ驚ク
責任者ヲ明確ニシコヽに至リシ事情ヲ知悉ス可キテアル
死因ニ疑アリト新聞ニ記事アリ[岩波 1945d]

羽仁五郎は、一〇月三日付で岩波に手紙を送っている。この中で「三木清の獄死は言論の自由学問研究発表の自由いな真理の自由のための原子爆弾となりつつあります」と述べ、次のように記した。

今日彼の家の葬式(本当の葬式は先生の御帰京を待つて行われるでしよう)なので花を、と金を包んだ紙に字を書いて居ると熱涙がこみあげてきました　そして彼が最も苦しんだ時代いなはじめからおわりまで彼をして学界にはたらくことを得しめた数十年毎月毎日の先生の彼に対する御援助御支持を想い　先生がいまどんな御心中かと思い及び　御病中におさわりするようなことを書くまいと思いながらついにこらえきれず――他に誰に向つて現在の僕等の心中を訴えるか――先生に向つて筆をとりました〔岩波書店編集部 2003: 218〕

岩波は一〇月五日付で坂西志保に宛てた手紙で、次のように言う。

三木氏の如きは吉田さんが憲兵隊の留置場から出るや直ちに外務大臣になったように獄舎から出て貰って直ちに新日本の重要なる職責(大学教授としても優良だしまた文化の高官に就いても充分其の責任を果して貰える方と存じます)に就いて貰いたかった人です、今となっては仕方ないが今後かかる事がどんな場合にも出来ないように三木君の死を意義あるようにしなければならないと存じます。〔岩波 1998: 161–162〕

大正期の岩波書店を支えたブレーンが安倍能成・阿部次郎らであったのに対し、昭和期を支えたのは三木清だった。三木の獄死は、岩波にとって大きな痛手であり、堪えがたい悲しみだった。
この頃、岩波は『アサヒグラフ』の取材を受けている。彼は「真実が語れ、鬱積した愛国心が自由に発露できるやうになつて全く有難い」と述べ、次のように語った。

僕はこんどの敗戦は元寇の神風が形を変へて日本の増上慢を叩きなほしてくれたもので、新しく生れ変る絶好の機会だと思ふ――明治維新に還り御誓文に生きよ、これ新生日本の根本原理なり、無条件降伏により真に日本が甦生せば如何なる賠償も高価なる束脩に非ず［岩波 1945g］

岩波は、戦後になっても自己の理想を曲げなかった。彼は日本の慢心を反省し、生まれ変わらなければならないと主張する一方で、戦前・戦中と同様、五箇条の御誓文に回帰すべきとの見解を繰り返した。

岩波にとって、「大東亜戦争」の敗戦は、偏狭な戦時体制の終焉であって、大義の敗北ではなかった。むしろ言論統制を行ってきた強権的支配が崩壊したことによって、より理想主義を貫徹できると考えた。

岩波は同時期に書いたと思われる文章で、次のように言う。

国家権力を増強して世界を支配しやうと言ふ考へよりも天地の公道を歩んで燃ゆるが如き情熱を以て真理を追求し国家権力によらず真理を以て八紘一宇たらしめんことを希望します［岩波 n.d.c］

彼は戦後になっても、あえて「八紘一宇」という言葉を使った。岩波にとっての「八紘一宇」は、五箇条の御誓文に表れたリベラル・マインドの敷衍だった。その概念は天皇による世界統一ではなく、一部特権階級による独占政治を排し、公論を重視する自由民主主義の拡大を意味した。そして、それはナショナリズムに支えられた国民国家によって担保されるものだった。彼はアジアの独立運動を支持し、帝国主義の打破と共に、民主的体制の確立を願った。岩波は、最後に至るまでリベラル・ナショナリストとしての姿勢を崩さなかった。

岩波がこの時期に繰り返し語ったのは、卑屈になってはならないということだった。彼は「男子堂々の態度を失つてはならぬ」と言い、アメリカが日本の文化の将来を妨げるような行為に及べば、「断乎として排撃しなければならない」と訴えた。また、マッカーサーが部分的ではあれ言論結社の自由を認めたことを評価しつつ、「日本軍国主義を絶滅して之に替へるにアメリカの軍国主義を以てすることありとせば之は許し難いことである」として、アメリカの軍事的支配への追随を拒絶した[岩波 n.d.c]。

『世界』創刊

岩波は長野の病床で、総合誌の創刊を構想した。提案は安倍能成からあった。彼は仲間と共に同心会を立ち上げ、オールドリベラリストの結集を図っていた。そしてそのメンバーを中心とする言論空間を構築しようと画策した。

九月末に、安倍は療養中の岩波に相談を持ちかけ、雑誌の創刊が決定した。安倍は一〇月一九日に小林に宛てた手紙で、次のように言う。

同心会といふものが出来それが中心とはなるが機関誌といふわけでなく出来るだけ若い連中を引出してかいてもらふつもりです。中央公論、改造等と連合するといふ話もあつたが、小生は総合雑誌としての新しい性格を作る為に岩波から新しく出すことを主張した結果、長野にねて居た岩波を訪ひその承諾を得ました。岩波に承諾してもらふ為には小生が責任を負はぬわけにゆかず、先づ編集主任といふことになつた。編集員は外に志賀、山本(有三)、田中(耕)、谷川、和辻、仁科、大内といふことになつてゐる。[小林 1963: 341]

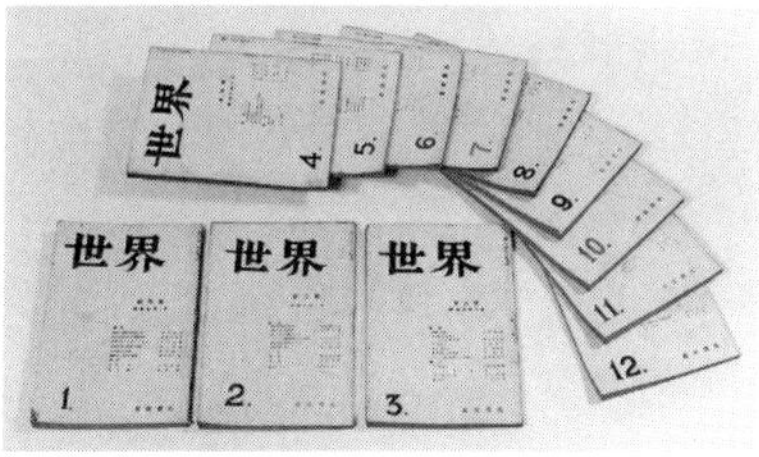

『世界』創刊．1946年1月

雑誌名は谷川徹三の発案で『世界』に決定した。編集の実務は岩波書店の吉野源三郎が担当することになり、創刊に向けて動き出した。そして、一九四六年一月一日に、『世界』創刊号が発行された。岩波は「『世界』の創刊に際して」という文章を発表し、意気込みを表明した。彼は「無条件降伏は開闢以来最大の国辱である」という一文から書き起こし、明治維新の精神が時代と共に後退したプロセスをたどった[岩波 1945e]。

岩波は、日本全体が日清・日露戦争の勝利に陶酔したことで「不当なる自負に精神を蝕ばまれ、他に学ぶの謙虚を失った」と言う。そして、満州事変以降、軍閥が台頭し、五箇条の御誓文の方針が大きく歪められた。軍閥官僚によって決定された国策は国民から遊離し、ついに敗戦を迎えることになった。

しかし、問題は一部の指導者に還元できない。責任は自分自身にある。言論人として、出版人としての自分にこそ、重大な責任がある。

岩波は慚愧の念をにじませ、次のように言う。

> 年来日華親善を志してゐた私は、大義名分なき満洲事変にも支那事変にも、もとより絶対反対であつた。また三国同盟の締結に際しても、大東亜戦争の勃発に際しても、心中憂憤を禁じ得なかつた。その為めに自由主義者と呼ばれ、非戦論者とされ、時には国賊とまで誹謗され、自己の職域をも奪はれんとした。それにも拘らず大勢に抗し得ざりしは、結局私に勇気がなかつたためである。私と同感の士は恐らく全国に何百万か存してゐたに相違ない。若しその中の数十人が敢然蹶起し、恰も若き学徒が特攻隊員となつて敵機敵艦に体当りを敢行した如く、死を決して主戦論者に反抗したならば、或ひは名分なき戦争も未然に食ひ止め得たかも知れず、たとへそれが不可能であつても、少くとも祖国を茲に到らしめず時局を収拾し得たかとも思はれる。私に義を見て之に赴く気概のなかつたことは、顧みて衷心慚愧に堪へない。［岩波1945e］

『世界』の執筆者たち．左から渡辺一夫，杉捷夫，河盛好蔵，都留重人，清水幾太郎，久野収，戒能通孝，武田清子，鵜飼信成，日高六郎．1954年2月頃，岩波書店の会議室で

岩波は、満州事変や日中戦争などを、体を張ってでも止めるべきだったと振り返り、大勢に抗することのできなかった勇気のなさや気概のなさを反省した。岩波は「大東亜戦争」中に示した態度の甘さを痛感したのだろう。支配権力に対する反発を抱きながらも、戦争の大義を鼓舞したことに反省の念を持ったのだろう。

しかし、彼は戦争という行為を否定しても、大義を捨ててはならないと考えた。彼は明治維新によって示された「封建制の打破」と「自由民主主義の拡張」という国民主権ナショナリズムを鼓舞し、新しい戦後日本の建設に邁進すべきことを訴えた。

岩波は言う。

私は明治維新の真剣味を追想し、御誓文の精神に生きることが、新日本建設の根本原理であると考へる。御誓文は明治維新の指針たるに止まらず、天地の公道に基づくこの大精神は永久に我が国民の示標たるべき理念であると信ずる。

日本の開戦も敗戦も我国道義と文化の社会的水準の低かつたことに基因する。今この国難に際会して、新日本の文化建設のために私も亦寸尺の微力を捧げたいと思ふ。茲に「世界」を創刊するも此の念願の一端に外ならない。[岩波 1945e]

『世界』は無事創刊されたが、直後に問題が発生した。編集主任となった安倍が、一九四六年一月一三日に幣原喜重郎内閣の文部大臣就任を打診されたのである。

安倍は岩波のもとを訪ねた。そして、「大臣をやれば『世界』が編集できなくなる」と相談した。すると、岩波は喜んで大臣就任を勧め、自らのモーニングを貸した[小林 1963: 359]。

結果、大内兵衛が編集主任を代行することとなったが、次第に『世界』と同心会の関係は薄くなっていき、一九四八年、同心会は生成会に改名して別に雑誌『心』を発刊した。

安倍は言う。

時代の激しい変遷と、編輯者吉野との考へかたとの相違その他から、二三年の中に我々と「世界」との関係は次第に疎くなり、我々は主動者でなく寄稿家になり、その関係もだんく薄れ

築地の西本願寺で行われた岩波の葬儀．1946年4月30日．
左は安倍能成葬儀委員長

て来て、我々の仲間は武者小路実篤を主とした生成会を作つて、「心」を発刊するやうになつた。〔安倍 1957: 281–282〕

『心』には、戦前・戦中に活躍したオールドリベラル勢力が集結し、戦後民主主義的な『世界』とは異なる保守的な言論空間を構成した。岩波が戦後しばらくの間健在で、安倍も大臣に就任しなければ、『世界』の執筆陣や論調は異なるものになっていただろう。

安倍が編集主任から退いたことによって、『世界』は言論の場の世代交代を演出することになり丸山眞男をはじめとする若手論客の活躍の場となる。

死の時

二月一一日、岩波は文化勲章を受章した。三月三日には、関係者に挨拶状を送り、自らの人生を振り返った。

その中で、彼は津田事件を振り返り、次のように述べている。

尊敬する著者津田左右吉博士と共に告訴され囹圄に入れらるべき身でありしにも拘はらず同一の理由にて最高の国家勲章を戴きしことは価値の転倒した世の出現により初めて可能となりしことにて所謂百八十度の回転とも申すべきかと存候［岩波 1946b］

しかし、岩波の命は幾ばくもなかった。四月二〇日、彼は熱海の別荘で倒れた。右半身は動かなくなり、会話もできなかった。そして、二五日の夜、静かに息を引き取った。遺骨は北鎌倉東慶寺の西田幾多郎の墓地の隣に埋葬された。六四年八カ月の生涯だった。

おわりに

岩波茂雄の生涯は、いったい何だったのか。

中学時代には、西郷隆盛と吉田松陰に心酔した。明治維新を成し遂げたナショナリズムは、封建制の打破や自由民主主義の予兆と共にあった。閉塞的で抑圧的な学校生活に辟易していた岩波にとって、リベラルという価値は輝いて見えた。

徳富蘇峰『吉田松陰』を熟読し、藩閥政治に対する反感を抱き、「第二の維新」の重要性を痛感した彼は、杉浦重剛に憧れ上京した。明治第二世代の開明的な思想と熱烈な愛国心は、岩波の心を捉えた。

しかし、彼の世代はその先の時代を歩んだ。一高に入学したのは一九〇一年。明治維新からすでに三〇年以上が経過し、近代化は成熟期を迎えていた。憲法が施行され、議会制民主主義も開始された。富国強兵・殖産興業の政策は一定の成果を挙げ、日清戦争にも勝利した。治外法権も撤廃され、日本は国際社会における一定の地位を確立しつつあった。

岩波は、明治第一・第二世代とは価値観を異にした。立身出世を第一義的目標とする人生に、本質的な意味があるとは思えなかった。明治の物語の底が抜けていた。

彼は人生論的煩悶に取りつかれ、苦悩した。藤村操の自殺は、懊悩を加速させた。勉強は手につかず、厭世的気分に埋没した。近角常観の求道学舎や内村鑑三の日曜講義に通い、宗教に出口を求めた。しかし、確固たる信仰心を持つことができぬまま、苦悶は旋回した。

このような煩悶青年たちの中から、その後の超国家主義者は誕生した。岩波と同時期に一高に通った三井甲之は、民族が液体の如く一体化する絶対的境地を追求し、雑誌『原理日本』を立ち上げた。一八八六年生まれの大川周明は、宗教的煩悶を繰り返しながら、国家改造と「道義的世界の統一」を追求した。昭和維新期の超国家主義と革新運動を支えたイデオローグは、岩波と同世代の煩悶青年たちだった。

橋川文三は「超国家主義」を「ウルトラ・ナショナリズム」とは捉えず、「国家を超えた人間のヴィジョン」と見なした。

橋川は言う。

> いわゆる超国家主義の中には、たんに国家主義の極端形態というばかりでなく、むしろなんらかの形で、現実の国家を超越した価値を追求するという形態が含まれていることを言ってもよいであろう。［中島 2011: 199］

橋川は、この「超国家主義」の背後に、明治後半以降の「当時の青年にひろく認められた人生論的煩悶」があることを鋭く指摘した。朝日平吾や井上日召といった超国家主義テロリストたちの心情は、藤村操の苦悩と地続きだった。日露戦争前後に増加した煩悶青年は、自己の幸福追求の延長上に、他者や超越的存在との一体化を希求し、国家を超えた「一つの世界」を構想した。

一方で、岩波は超国家主義者にはならなかった。彼は昭和維新運動から距離をとり、リベラルな態度を堅持し続けた。彼は明治の国民主権ナショナリズムを盾として、昭和の膨張主義的ナショナリズムに抗った。そして、その最大の根拠を「五箇条の御誓文」に置いた。

岩波にとって、「広く会議を興し、万機公論に決すべし」と布告した明治天皇は、リベラルな愛国者であり、理想的君主だった。岩波は、「陛下の赤子」であることを生涯誇りとした。そして、自らこそ明治天皇の遺志を継ぐリベラル・ナショナリストであるという自負心を抱いていた。

言論の自由を踏みにじる国粋主義者との死闘は、ナショナリズムのレジティマシー(正統性)をめぐる闘争だった。岩波の「五箇条の御誓文」に依拠するナショナリズムは、多様な価値に寛容なリベラリズムと一体のものであり、専制政治を打破する国民主権の主張と共にあった。

岩波は、リベラル・ナショナリストとしての闘争を、具体的な出版活動を通じて展開した。そして、その苦闘の中から生み出されたのが「文庫」や「新書」といった新しい出版形態だった。現在の日本の出版界が依拠している形式の多くは、岩波の汗の結晶である。

岩波は古書店を創業する際、「偽りなき真実なる生活をしたいといふ慾求」に基づいて書店を経営しようと考えた。彼にとって、岩波書店は自己の「個性の上に立てられた城」だった。

その城が、二〇一三年で百年を迎えた。岩波書店は、いま何と闘っているのか。岩波茂雄のスピリットは息づいているのか。

岩波は多くの同時代人から愛された。度量の大きさと繊細さを兼ね備えた彼は、どこまでも憎めない人間だった。彼の率直さは、当代随一の著者たちの信頼を勝ち取り、岩波書店は瞬く間に日本を代表する出版社となった。現在の出版界は、岩波茂雄の遺産の上に成り立っている。

岩波によって構築され、死守された知的アリーナを、我々は守り発展させていかなければならない。その時、時代に阿ることなく懸命に生きた岩波の歩みを振り返ることは、意義のある作業だろう。

岩波だったら、今、いかなる本を出そうとするか――。

その問いの先に、これからの先鋭的な学問と批評があるように思われる。私は死者となった岩波茂雄を傍に感じながら歩みたい。

あとがき

本文でもふれたように、岩波は矢内原忠雄が大学を追われた時、恥ずかしそうな表情で、金一封を手渡した。滝川事件が起きた際には、弾圧を怖れず、新聞の投書欄に滝川擁護の文章を投稿した。日中戦争が泥沼化すると、より一層、中国からの留学生を支援した。

そんな岩波が、私はどうしても好きだ。

岩波書店が現在の地位を築けたのは、岩波の気質に依るところが大きい。岩波は魅力的で愉快な人物だった。本書の執筆を終えた今、とても清々しい気持ちに包まれている。

岩波のロジックに脆弱な点がないわけではない。その言説には、問題も多い。論理を詰め切れていない部分も、多々存在する。しかし、彼が時代の中で示した態度は、立派なものだった。そして、実に温かかった。

そんな人物を、感情に溺れず、静かに書いてみたいと思った。本書が成功しているかどうかは、読者諸氏の判断にゆだねたい。

本書で使用した史料の多くは、岩波書店に保管されてきたものである。その大半は、岩波の死後、伝記執筆に取り掛かった安倍能成のために収集され、彼のもとに送られた文書である。当時の岩波書店の社員が丁寧に整理し、悪筆の岩波の文字を読み解いて、清書・タイプライトしている。

その丁寧な作業の跡を見ながら、岩波がいかに社員に愛されていたのかを痛感した。そして、その史料を引き継いで伝記を書くプレッシャーに押しつぶされそうになった。

安倍が『岩波茂雄伝』を書いてから五〇年以上の月日が経った。その間、史料は書庫の中で眠り続けていた。伝記執筆の作業は、まずこの史料の整理から始まった。一〇個ほどの段ボール箱に詰められた文書は、どれも雑然としていて、全体像を把握するのに多くの時間を要した。おそらく安倍から返却されたままの状態で、長年放置されていたのだろう。箱の中の時間は、止まっていた。

その一つ一つを年代順に整理し直し、分類することで、これまで見えなかった岩波の実像が浮かび上がってきた。そのプロセスは、とても楽しかった。

史料の読み解きは、岩波との格闘であるとともに、安倍との闘いでもあった。『岩波茂雄伝』は岩波の正史であり、一高時代から歩みをともにしてきた親友の作品である。安倍が目を通し、執筆に使用した岩波文書の紐解きは、安倍の技法を追体験する作業でもあった。

そのプロセスで分かったことは、安倍の突出した力量と共に、彼が避けて通った史料の存在だった。安倍が描いた岩波像と、私の描こうとする岩波像が衝突した。時間を越えた無言の討論は、スリリングだった。

最後に、本書を担当してくださった岩波書店の馬場公彦さんに感謝を述べたい。実は馬場さんの大らかさの中に、時折、岩波を重ねることがあった。著者の怠惰のせいでタイトなスケジュールになってしまったことを、お詫びしなければならない。

また、松崎一優さんには史料のコピーなどの作業を手伝っていただいた。松崎さんの丁寧なサポートがなければ本書は完成しなかっただろう。心から感謝の意を表したい。

そして、岩波書店の皆様に百周年のお祝いを申し上げたい。これからの更なる発展を祈願して、筆をおきたい。

中島岳志

二〇一三年八月

岩波茂雄年譜

＊安倍能成『岩波茂雄伝　新装版』（岩波書店、二〇一二年）所掲の「岩波茂雄年譜」を参考にして作成

明治十四年（一八八一年―当歳）

八月二十七日　長野県諏訪郡中洲村中金子に生れる。父義質、母うた。

明治二十年（一八八七年―六歳）

四月　中洲村下金子の尋常小学校に入学。

明治二十四年（一八九一年―十歳）

四月　中洲村神宮寺の高等小学校に入学。

明治二十八年（一八九五年―十四歳）

四月　諏訪実科中学校に入学。

明治二十九年（一八九六年―十五歳）

一月五日　父急死。

一月二十三日　相続して戸主となる。

明治三十年（一八九七年―十六歳）

十二月三十日　村の伊勢講総代となり、単身伊勢詣りに出発。

明治三十一年（一八九八年――十七歳）

一月二日　伊勢神宮参拝を果したのち京都に寄り、郷里の先輩・佐久間象山の墓参り。鹿児島まで足を延ばして西郷隆盛の墓参り。

日本中学校長・杉浦重剛に請願書を送る。

明治三十二年（一八九九年――十八歳）

三月二十六日　諏訪実科中学校四年を修了し上京。

四月四日　日本中学校五年への編入受験。特例の入学を許される。

明治三十三年（一九〇〇年――十九歳）

三月　日本中学校卒業。

七月　第一高等学校入学試験受験、不合格。

八月　長野県上田で内村鑑三の講演をきく。

十月　神経衰弱となり、伊豆の伊東に転地する。

年末　伊東で静養中、内村鑑三の供をして熱海まで歩く。

明治三十四年（一九〇一年――二十歳）

一月一日　二十世紀の元旦を東京で迎えるため、前日伊東から帰り、本郷の下宿で新年を迎える。

七月　再び第一高等学校を受験して合格。九月入学。（同級生に、阿部次郎、石原謙、上野直昭、荻原藤吉（井泉水）、工藤壮平、白根竹介、鈴木宗奕、鳩山秀夫、林久男など）

秋　一高ボート部に入る。

明治三十五年（一九〇二年――二十一歳）

九月　一高二年に進級。この頃から煩悶が始まる。

十月　求道学舎に通う。近角常観の勧めで、トルストイの『我が懺悔』を読み、感動する。

十二月　日曜日に開かれた内村鑑三の聖書講義に出席しはじめる。

明治三十六年（一九〇三年―二十二歳）

五月二十二日　藤村操が華厳の滝に身を投じ自殺。

七月十三日　野尻湖の弁天島（琵琶島）に籠る。

七月二十三日　母うた、茂雄の学業放棄を心配し、島を訪れる。

八月二十三日　野尻湖を去る。

九月　一高二年を、試験放棄のため落第。安倍能成と同級生となる。

明治三十七年（一九〇四年―二十三歳）

九月十二日　一高を二年続けて落第したため除名となる。

明治三十八年（一九〇五年―二十四歳）

七月　神田区北神保町の赤石ヨシ方に下宿。

九月　東京帝国大学文学部哲学科選科に入学。

明治三十九年（一九〇六年―二十五歳）

春　赤石ヨシと婚約。

明治四十年（一九〇七年―二十六歳）

三月二十五日　叔父井上善次郎宅（神田区佐久間町）で赤石ヨシと婚儀を挙げる。

十月　本郷弥生町で新婚家庭をスタート。独立生計を立てようとして、ヨシは仕立物の内職をし、茂雄は木山熊次郎の『内外教育評論』の編集手伝いをする。

明治四十一年（一九〇八年―二十七歳）

四月　大久保百人町に移転。

六月二十五日　母うた死去。

七月　東京帝国大学文学部哲学科選科卒業。
八月十四日　長女百合出生。
明治四十二年(一九〇九年――二十八歳)
三月　神田高等女学校に奉職。
明治四十四年(一九一一年――三十歳)
八月十一日　次女小百合出生。
大正二年(一九一三年――三十二歳)
七月二十二日　大久保百人町から、神田区南神保町へ移転。
七月二十九日　書店開業のため神田高等女学校退職。神田高等女学校の送別式をすませてすぐ、自分で荷車を引いて古本市場から本を仕入れる。
八月五日　神田区南神保町十六番地に古本屋を開業。「古本正札販売」を励行する。
大正三年(一九一四年――三十三歳)
四月二十七日　三女美登利出生。
九月二十日　夏目漱石『こゝろ』刊行。
暮　年末から翌年にかけて台湾総督府図書館から、一万円の図書納入を一手に託される。
大正四年(一九一五年――三十四歳)
三月　『アララギ』発売所となる。
十月一日　「哲学叢書」創刊。
大正五年(一九一六年――三十五歳)
春　店舗と住居を別にし、家族は麹町区富士見町に移る。
十月四日　長男雄一郎出生。

十二月九日　夏目漱石死去。
大正六年（一九一七年―三十六歳）
一月二十六日　漱石絶筆『明暗』刊行。
五月一日　『思潮』創刊。主幹は阿部次郎。
六月　子供達の健康のため、家族は鎌倉に移住。
六月十日　倉田百三『出家とその弟子』刊行。
十月　西田幾多郎の岩波書店での最初の書籍『自覚に於ける直観と反省』刊行。
十二月　『漱石全集』（全十二巻）刊行。
大正七年（一九一八年―三十七歳）
六月　阿部次郎『合本三太郎の日記』刊行。
大正八年（一九一九年―三十八歳）
五月　和辻哲郎『古寺巡礼』刊行。
六月十五日　次男雄二郎出生。
大正九年（一九二〇年―三十九歳）
四月　佐々木惣一『普通選挙』を刊行。宣伝の大看板を店頭に立てる。
四月二十四日　小林勇入店。
十一月十五日　小石川区小日向水道町の中勘助所有の住宅を譲り受け、住まいとする。
大正十年（一九二一年―四十歳）
十月一日　雑誌『思想』創刊。
十月二十二日　四女末子出生。
十二月　寺田寅彦、石原純編集「科学叢書」創刊。

大正十一年(一九二二年―四十一歳)

八月十四日　野外騎乗中、代々木練兵場で落馬負傷し、入院。

大正十二年(一九二三年―四十二歳)

九月一日　関東大震災。店舗、倉庫を焼失。

十月　小石川宅を仮事務所として出版復興に着手。

十一月　神田書店街のトップを切って南神保町の焼跡に棟上げをする。

大正十三年(一九二四年―四十三歳)

十二月　多額納税者となる。

大正十五年(一九二六年―四十五歳)

六月　三木清『パスカルに於ける人間の研究』刊行。

十一月　倉田百三『赤い霊魂』発禁処分。岩波書店の刊行書として初めての発禁。

昭和二年(一九二七年―四十六歳)

七月　「岩波文庫」創刊。

七月二十四日　芥川龍之介自殺。

八月　初めての教科書、亀井高孝『中等西洋史』刊行。

十月　マルクス『資本論』(岩波文庫)を河上肇訳で刊行開始。

十一月　『芥川龍之介全集』(全八巻)刊行。

十二月　朝鮮半島、中国東北部を三木清と共に旅行。

昭和三年(一九二八年―四十七歳)

一月　岩波講座の第一次『世界思潮』(全十二巻)刊行。

二月　郷里諏訪郡中洲村中金子に水道敷設の寄附。

三月十二日　岩波書店で待遇改善要求の争議が起こる。
五月　『聯盟版マルクス・エンゲルス全集』刊行発表。七月末、五社聯盟を脱退。
八月二十七日　小林勇が退店し、鉄塔書院を始める。
八月　『思想』休刊。

昭和四年(一九二九年―四十八歳)

四月　『思想』再刊。和辻哲郎、谷川徹三、林達夫編集。

昭和五年(一九三〇年―四十九歳)

二月　郷里から衆議院議員立候補を薦められるものの固辞。
事項索引、参照条文付の『岩波六法全書』刊行。
十二月　『経済学辞典』(全五巻)刊行。

昭和六年(一九三一年―五十歳)

四月　雑誌『科学』創刊。
五月　河上肇訳マルクス『資本論』『賃労働と資本』『労賃・価格および利潤』廃刊宣言。
十一月　岩波講座『哲学』(全十八巻)刊行。

昭和七年(一九三二年―五十一歳)

四月　『内村鑑三全集』(全二十巻)刊行。
五月　『日本資本主義発達史講座』(全七巻)刊行。
九月　次女小百合、小林勇と結婚。
十一月　『日本資本主義発達史講座』第四巻が発禁処分となる。

昭和八年(一九三三年―五十二歳)

二月四日　長野県教員赤化事件。

四月　雑誌『文学』創刊。
雑誌『教育』創刊。
四月二十二日　滝川事件はじまる。
十月　岩波講座『日本歴史』(全十八巻)刊行。
十二月　「岩波全書」創刊。

昭和九年(一九三四年―五十三歳)

六月　岩波講座『東洋思潮』(全十八巻)刊行。
八月　筧克彦『神ながらの道』刊行。
十月　『吉田松陰全集』(全十巻)刊行。
十一月　小林勇、岩波書店に復帰。

昭和十年(一九三五年―五十四歳)

二月　美濃部達吉の天皇機関説への攻撃が激化。
五月五日　欧米の旅に出発。
十二月十三日　帰国。

昭和十二年(一九三七年―五十六歳)

七月七日　盧溝橋事件。日中戦争勃発。
八月十五日　吉野源三郎入店。
十二月一日　矢内原忠雄が東大教授を辞職。

昭和十三年(一九三八年―五十七歳)

二月七日　矢内原忠雄『民族と平和』が発禁処分となる。
三月　憲兵隊からの干渉で、天野貞祐『道理の感覚』絶版。

四月　岩波文庫マルクス、エンゲルス、レーニンの諸著作を絶版にする。
十一月　「岩波新書」創刊。
昭和十五年（一九四〇年—五十九歳）
一月二十一日　津田左右吉著書の件で、東京地方検事局に呼び出され、尋問。
三月八日　津田左右吉と共に起訴される。
熱海市伊豆山東足川に土地入手。
十月三十日　津田左右吉著書に関する裁判の予審開始。
十一月二日　学術奨励のため財団法人「風樹会」設立。
昭和十六年（一九四一年—六十歳）
二月九日　頭山満邸を訪問。
九月　熱海市伊豆山に別荘を新築し惜櫟荘と名づく。
十一月一日　津田事件公判開始。
十二月八日　「大東亜戦争」勃発。
昭和十七年（一九四二年—六十一歳）
五月二十一日　津田事件公判、第一審判決。
津田禁固三カ月、岩波禁固二カ月、何れも執行猶予二年。
五月二十三日　津田事件判決に対し、検察より控訴あり、岩波側からも控訴する。
十一月三日　創業三十年の感謝晩餐会を開催。
昭和十九年（一九四四年—六十三歳）
三月　雑誌『教育』休刊。
六月四日　長男雄一郎発病。

十一月四日　津田事件控訴裁判、時効により免訴。

昭和二十年（一九四五年―六十四歳）

二月十一日　東京都多額納税者・貴族院議員補欠選挙に立候補。

三月二十七日　補欠選挙に当選、貴族院議員となる。

五月二十五日　小石川の住宅、空襲で全焼。

六月七日　西田幾多郎死去。

八月十五日　「大東亜戦争」敗戦。

九月三日　長男雄一郎死去。

九月四日　貴族院初登院。

九月八日　長男雄一郎葬儀。

九月十日　長野市での藤森省吾の葬儀に列席、弔詞を読んでいる最中に脳溢血を起こす。そのまま長野市で十月十七日まで静養。

九月二十六日　三木清死去。

昭和二十一年（一九四六年―六十五歳）

一月　『世界』創刊。

二月十一日　文化勲章授与。

四月二十日　熱海惜櫟荘にて発病。再度の脳溢血。

四月二十五日　死去。

四月三十日　東京築地西本願寺にて葬儀。法名、文猷院剛堂宗茂居士。北鎌倉東慶寺の墓地に埋葬。

———— 2004a 『蓑田胸喜全集・第 2 巻』柏書房
———— 2004b 『蓑田胸喜全集・第 4 巻』柏書房
———— 2004c 『蓑田胸喜全集・第 7 巻』柏書房
宮坂春章 1947 「無題」(岩波書店所蔵)
森園豊吉 1947 「出家とその弟子が出版された頃のこと」(岩波書店所蔵)
守矢眞幸 1947 「岩波さんの小学校から日本中学の時代」(岩波書店所蔵)
山崎安雄 1961 『岩波茂雄』時事通信社
矢内原忠雄 1947 「岩波さんの思ひ出」(岩波書店所蔵)
山本芳明 2000 「岩波茂雄と夏目漱石」『漱石研究』13 号
米原 謙 2003 『徳富蘇峰――日本ナショナリズムの軌跡』中公新書

岩波書店編 1996 『岩波書店八十年』岩波書店
岩波書店編集部編 2003 『岩波茂雄への手紙』岩波書店
岩波よし 1947 「野尻湖にこもる頃より古本屋開業当時まで」(岩波書店所蔵)
王 鳳鳴 1947 「無題」(岩波書店)
緒方竹虎 1947 「無題」(岩波書店所蔵)
長田 新 1947 「岩波茂雄といふ人」(岩波書店所蔵)
嘉治隆一 1947 「無題」(岩波書店所蔵)
金井富三郎 1947 「無題」(岩波書店所蔵)
亀井高孝 1947 「無題」(岩波書店所蔵)
柄谷行人 1980 『日本近代文学の起源』講談社
河上 肇 1984 『河上肇全集・第25巻』岩波書店
木山熊次郎 1900 「校風の今日」『校友会雑誌』94号
工藤壮平 1947 「無題」(岩波書店所蔵)
倉田百三 2008 『愛と認識との出発』岩波文庫
河野多麻 1946 「岩波茂雄と頭山満の会見」(岩波書店所蔵)
――――1947 「無題」(岩波書店所蔵)
小林 勇 1963 『惜櫟荘主人』岩波書店
斎藤茂吉 1947 「無題」(岩波書店所蔵)
蔡 培火 1937 『東亜の子かく思ふ』岩波書店
鈴木範久 1980 『倉田百三〈増補版〉』大明堂
相馬愛蔵 1947 「思ひ出」(岩波書店所蔵)
竹内 好 1993 「日本のアジア主義」『日本とアジア』ちくま学芸文庫
田辺 元 1947 「岩波君の憶出」(岩波書店所蔵)
頭山満翁正伝編纂委員会編 1981 『頭山満翁正伝』葦書房
留岡清男 1947 「私の見ききした岩波茂雄先生の言行」(岩波書店所蔵)
中島岳志編 2011 『橋川文三セレクション』岩波現代文庫
夏目鏡子 1947 「自費出版“漱石の思ひ出”」(岩波書店所蔵)
夏目漱石 1957a 「私の個人主義」『漱石全集・第21巻』岩波書店
――――1957b 『漱石全集・第31巻』岩波書店
西尾 實 1947 「発病の前後」(岩波書店所蔵)
林 虎雄 1947 「岩波先生の思ひ出」(岩波書店所蔵)
原田和三郎 1947 「無題」(岩波書店所蔵)
平石典子 2012 『煩悶青年と女学生の文学誌――「西洋」を読み替えて』新曜社
松尾尊兊 1991 「岩波茂雄と瀧川事件」『図書』1991年7月号
丸山眞男・福田歓一編 1989 『聞き書 南原繁回顧録』東京大学出版会
丸山眞男 1996 「ある日の津田博士と私」『丸山眞男集・第9巻』岩波書店
嚢田胸喜 1934 「岩波茂雄宛書簡」(1934年10月8日付，岩波書店所蔵)

――― 1939c 「林虎雄君を推薦す」(はがき，岩波書店所蔵)
――― 1939d 「阿部内閣に要望する」『大陸』1939 年 10 月号
――― 1939e 「無題」『科学知識』1939 年 11 月 5 日号
――― 1940a 「誠実を教へた母」『新興婦人』1940 年 2 月号
――― 1940b 「御招待に対する挨拶　新聞に対する感想　帝大新聞に対する希望　大学の国家的使命」『帝国大学新聞』1940 年 12 月 1 日(原稿，岩波書店所蔵)
――― 1940c 「出版界の立場から文化統制に関して当局への具体的希望」『文藝春秋』1940 年 10 月号
――― 1940d 「“大政翼賛運動” 指導者たちへの要望」『改造(時局版)』1940 年 10 月
――― 1941a 「出版法違反被告事件第一回公判速記録」(岩波書店所蔵)
――― 1941b 「五千号を祝す」『文化情報』1941 年 12 月 3 日
――― 1941c 「日本の出版事業について」(原稿，岩波書店所蔵)
――― 1941d 「事変下の出版と其理念」『日本電報』1941 年 3 月 15 日
――― 1942a 「回顧三十年感謝晩餐会に先立つ座談会」(岩波書店所蔵)
――― 1942b 「回顧三十年感謝晩餐会の挨拶」『図書』1942 年 12 月号
――― 1942c 「頭山満翁の米寿を祝して」(岩波書店所蔵)
――― 1942d 「戦争と出版の方向　営利主義を排撃」『読売報知』1942 年 12 月 24 日
――― 1943a 「新詩社清規の回顧」(岩波書店所蔵)
――― 1943b 「出版人は斯く考へる」(『日本読書新聞』座談会での発言，1943 年 2 月 27 日(岩波書店所蔵))
――― 1943c 「質問への回答」『近きより』第 7 巻第 4 号(1943 年 4 月)
――― 1944 「「教育」の廃止につき」(岩波書店所蔵)
――― 1945a 「米英に寄す」(未発表，岩波書店所蔵)
――― 1945b 「印刷書状」(1945 年紀元節，岩波書店所蔵)
――― 1945c 「貴族院質問事項」(岩波書店所蔵)
――― 1945d 「病床漫録」(岩波書店所蔵)
――― 1945e 「『世界』の創刊に際して」(草稿，岩波書店所蔵)
――― 1945f 「昭和廿年」(岩波書店所蔵)
――― 1945g 「操守一貫の書商」『アサヒグラフ』1945 年 12 月 5 日号
――― 1946a 「古野君と自分」(岩波書店所蔵)
――― 1946b 「文化勲章受章の挨拶状」(岩波書店所蔵)
――― 1998 『岩波茂雄　茂雄遺文抄』日本図書センター
――― n.d.a 「危険思想」(岩波書店所蔵)
――― n.d.b 「一町人としての所感」(岩波書店所蔵)
――― n.d.c 「無題」(1945 年後半もしくは 1946 年前半の執筆，岩波書店所蔵)

や　行

ら　行

わ　行

引用文献

明石博隆・松浦総三 1975 『昭和特高弾圧史 1　知識人に対する弾圧』太平出版社
有島武郎 1984 『有島武郎全集・第 13 巻』筑摩書房
安倍能成 1903 「藤村操君を憶ふ」『校友会雑誌』128 号
────── 1957 『岩波茂雄伝』岩波書店
荒井恒雄 1902 「校風とは何ぞや」『校友会雑誌』119 号
アンダーソン，ベネディクト 1997 『想像の共同体』NTT 出版
一高自治寮立寮百年委員会編 1994 『第一高等学校　自治寮六十年史』一高同窓会
岩波茂雄 1913 「開店案内」(はがき，岩波書店所蔵)
────── 1914a 「教師より市民に」『読書世界』1914 年 6 月 1 日号
────── 1914b 「教師より本屋へ」『読書世界』1914 年 7 月 1 日号
────── 1915 「『哲学叢書』刊行に就いて」(岩波書店所蔵)
────── 1917 「西田幾多郎『自覚における直観と反省』広告文」(岩波書店所蔵)
────── 1922 「科学叢書刊行の辞」『思想』1922 年 1 月号
────── 1923 「謹告」『思想』1923 年 11 月号
────── 1927a 「岩波文庫発刊に際して」『思想』1927 年 7 月号
────── 1927b 「芥川龍之介全集刊行の経緯に就て」(全集内容見本，岩波書店所蔵)
────── 1927c「マルクス資本論　第一巻一分冊　刊行の辞」(岩波書店所蔵)
────── 1928a 「マルクス・エンゲルス全集刊行聯盟脱退についての声明」(岩波書店所蔵)
────── 1928b 「店員諸君に告ぐ」(岩波書店所蔵)
────── 1929 「謹賀新年」(岩波書店所蔵)
────── 1930 「所信を明にす」(岩波書店所蔵)
────── 1931a 「岩波文庫『資本論』の読者に告ぐ」『出版新聞』1931 年 5 月 30 日
────── 1931b 「不明の致す所　已むを得ぬ次第と　岩波茂雄氏語る」『出版通信』1931 年 6 月 1 日号
──────他　1932a 「郷党の士に檄す」(岩波書店所蔵)
────── 1932b 「再刊の辞」(岩波書店所蔵)
────── 1933a 「『人物評論』編集部からの質問」(岩波書店所蔵)
────── 1933b 「全集完了に際して」『内村鑑三全集』(月報・第 20 号)，岩波

書店
——— 1933c 「雑感」『アララギ』1933年1月号(25周年記念号)
——— 1933d 「所感」(草稿，岩波書店所蔵)
——— 1933e 「『日本資本主義発達史講座』刊行の次第」(岩波書店所蔵)
——— 1933f 「教員思想犯事件に就いて」(岩波書店所蔵)
——— 1933g 「学者の態度」『東京朝日新聞』1933年7月14日
——— 1933h 「問題の核心——京大松井新総長に」(草稿，岩波書店所蔵)
——— 1934a 「吉田松陰全集刊行に際して」(内容見本，岩波書店所蔵)
——— 1934b 「弔辞」(岩波書店所蔵)
——— 1934c 「京都帝国大学新聞からの質問」(草稿，岩波書店所蔵)
——— 1934d 「『神ながらの道』頒布に際して」(岩波書店所蔵)
——— 1935a 「無題」『書窓』創刊号(1935年3月号)
——— 1935b 「外遊の思い出」(岩波書店所蔵)
——— 1935c 「瞥見の蘇連邦」(岩波書店所蔵)
——— 1936a 「ご挨拶」(岩波書店所蔵)
——— 1936b 「所感」『市制革新』1936年1月15日号
——— 1936c 「『欧米漫遊談』を岩波茂雄氏に聞く(続)」『日本古書通信』1936年3月1日号
——— 1936d 「刊行の辞」(岩波書店所蔵)
——— 1936e 「信州の青年諸君へ」『信州青年』1936年11月1日号
——— 1937a 「読書週間に際して所懐を述ぶ」『台湾日日新報』1937年1月11日
——— 1937b 「安部磯雄先生を推薦す」(岩波書店所蔵)
——— 1937c 「黒色事件を直視して」『東京朝日新聞(長野版)』1937年1月16日
——— 1937d 「謹賀新年」(岩波書店所蔵)
——— 1937e 「青年修練の指導標」『社会教育新報』1937年1月15日
——— 1937f 「文化時評・統制に堕せる新聞」『日本読書新聞』1937年11月15日
——— 1938a 「成人してからためになつた幼き頃の印象」『保育』6月号
——— 1938b 「謹賀新年」(岩波書店所蔵)
——— 1938c 「古典の普及支那をも尊重新世界観の創造へ」『国民新聞』1938年9月19日
——— 1938d 「岩波新書を刊行するに際して」『思想』1938年11月号
——— 1939a 「国民精神総動員の強化に関する意見を，内閣情報部より徴せられた時の回答(昭和14年3月13日依頼さる下書)」(岩波書店所蔵)
——— 1939b 「緑蔭放談——五箇条の御誓文この精神を体得せよ」『新聞之新聞』1939年5月3日

書名・雑誌名索引

あ 行

か 行

さ 行

人名索引

中島岳志
1975年大阪生まれ．京都大学大学院アジア・アフリカ地域研究研究科博士課程修了，北海道大学大学院法学研究科准教授．政治学専攻．『中村屋のボース』(白水社，2005年)で大佛次郎論壇賞・アジア太平洋賞大賞受賞，『パール判事』(白水社，2007年)，『秋葉原事件』(朝日新聞出版，2011年)など．

岩波茂雄 リベラル・ナショナリストの肖像

2013年9月27日 第1刷発行
2013年11月15日 第2刷発行

著 者 中島岳志《なかじまたけし》

発行者 岡本 厚

発行所 株式会社 岩波書店
〒101-8002 東京都千代田区一ツ橋2-5-5
電話案内 03-5210-4000
http://www.iwanami.co.jp/

印刷・理想社 カバー・半七印刷 製本・三水舎

ISBN 978-4-00-025918-7 Printed in Japan

物語 岩波書店百年史 〈全3冊〉

四六判

1 「教養」の誕生　紅野謙介　本体二二〇〇円

［続刊］

2 「教育」の時代　佐藤卓己　本体二四〇〇円

3 「戦後」から離れて　苅部 直　本体二二〇〇円

［既刊］

岩波茂雄伝 新装版　安倍能成　四六判 本体三二〇〇円

一本の道 新装版　小林 勇　四六判 本体二八〇〇円

岩波茂雄への手紙　飯田泰三監修　岩波書店編集部編　四六判 本体三二〇〇円

グラフィック・レポート 別冊
写真でみる岩波書店80年　岩波書店編集部編　B5判 本体二三一九円